C.H.BECK ■ WISSEN

in der Beck'schen Reihe

Angefangen von den nordosteuropäischen Kreuzzugs- und Kolonialgebieten des 12. und 13. Jahrhunderts bis zu den EU-Staaten Estland, Lettland und Litauen im 21. Jahrhundert umfasst die vorliegende Darstellung über 800 Jahre wechselvoller und konfliktreicher politischer, wirtschaftlicher, sozialer und kultureller Entwicklungen im östlichen Ostseeraum.

Ralph Tuchtenhagen ist Professor für Ost- und Nordeuropäische Geschichte an der Universität Hamburg. Seine Arbeitsschwerpunkte bilden die Geschichte der Macht und der Konstruktion physischer und sozialer Räume im neuzeitlichen Nordosteuropa.

Ralph Tuchtenhagen

GESCHICHTE DER BALTISCHEN LÄNDER

Verlag C. H. Beck

Für Corinna

Mit 6 Karten

Die erste Auflage dieses Buches erschien 2005.

2., aktualisierte Auflage. 2009
Originalausgabe
© Verlag C. H. Beck oHG, München 2005
Gesamtherstellung: Druckerei C. H. Beck, Nördlingen
Umschlagabbildung: Türklopfer am Haus der großen Gilde
in Tallinn – © Foto: Knut Liese
Umschlagentwurf: Uwe Göbel, München
Printed in Germany
ISBN 978 3 406 50855 4

www.beck.de

Inhalt

I. Einleitung	**7**
II. Vorgeschichte	**11**
III. Mittelalter	**15**
1. (Alt)Livland	15
2. Litauen	27
IV. Frühe Neuzeit (16.–18. Jahrhundert)	**32**
1. Das Herzogtum Kurland (1561–1795)	32
2. Die polnisch-litauische, schwedische und dänische Herrschaft über die livländischen Lande (1561–1629/45)	35
3. Estland, Ösel und Livland unter schwedischer Herrschaft (1629/45–1710/21)	41
4. Estland, Ösel und Livland unter der Herrschaft Russlands im 18. Jahrhundert	45
5. Der Niedergang der Länder Litauens in der Union mit Polen (1569–1795)	51
V. Das lange 19. Jahrhundert unter russischer Herrschaft	**58**
1. Die «Ostseeprovinzen» Estland, Livland und Kurland	58
2. Das «Nordwestgebiet» und Kleinlitauen	68
3. Revolutionen und Erster Weltkrieg	76
IV. Die «baltischen Staaten» im 20. Jahrhundert	**80**
1. Staatliche Unabhängigkeit (1918–1940)	80
2. Der Zweite Weltkrieg (1940–1944)	91

3. Die sowjetische Herrschaft (1944–1990/91)   94
4. Neue Unabhängigkeit (seit 1990/91)   100

Anmerkungen   106
Zeittafel   108
Bibliografische Übersicht   112
Karten   118
Geografischer Index   124
Personenindex   127

Vorwort zur 2. Auflage.

Die zweite Auflage gibt eine an wenigen Stellen korrigierte, ergänzte und erweiterte Textfassung wieder. Obwohl das Buch von der Fachkritik ganz überwiegend positiv aufgenommen wurde, enthielt die erste Auflage doch einige Thesen, die in der Forschung inzwischen kontrovers diskutiert werden. Auf sie habe ich in der zweiten Auflage verzichtet, weil eine Darstellung der Argumente, die in der Forschungsdiskussion eine Rolle spielen, den Textumfang des Bandes gesprengt hätte. Text und Karten- bzw. Schemaabildungen wurden besser aufeinander abgestimmt. U. a. nimmt der geografische Index nun auch Bezeichnungen aus den Karten auf. Das Literaturverzeichnis ist auf den neuesten Forschungsstand gebracht.

September 2008   *Ralph Tuchtenhagen*

I. Einleitung

«Ein dickes Buch ist ein großes Übel», heißt es bei Lessing. Dennoch müsste eine «Geschichte der baltischen Länder» gleich mehrere dicke Bände füllen, wollte man deren komplizierte territoriale und ethnische Entwicklung gut verständlich und angemessen darstellen. Und eigentlich handelt es sich auch nicht um eine, sondern um mehrere Geschichten, denn aus der Sicht des Historikers bilden die «baltischen Länder» weder in der Vergangenheit noch in der Gegenwart eine Einheit – nicht politisch, nicht wirtschaftlich, kaum kulturell und schon gar nicht im Bewusstsein der dortigen Bevölkerung. Davon abgesehen ist die zusammenfassende Darstellung einer Geschichte der «baltischen Länder» auch auf andere Weise problematisch. Dass die drei Länder heutzutage immer wieder in einem Atemzug genannt werden, beruht im Wesentlichen auf ihrem gemeinsamen Schicksal als unabhängige Staaten und ihrer erstrebten (aber gescheiterten) Zusammenarbeit in der Zeit zwischen den Weltkriegen und ihrer Zusammenfassung zu größeren administrativen und militärischen Einheiten unter deutscher und sowjetischer Herrschaft. Gräbt man tiefer in Raum und Zeit, wird man allenfalls noch darauf stoßen, dass sich die territorialen, ethnischen und sozialen Grenzen zwischen Estland und Lettland vor dem Ersten Weltkrieg auf vielfältige Weise überlappten, während Litauen eine ganz eigene Geschichte besitzt, die mit derjenigen Polens, Weißrusslands und der Ukraine viel eher verschränkt ist als mit derjenigen Estlands und Lettlands. Darüber hinaus schlüsselt sich jedes dieser Länder nach den Geschichten einzelner Landesteile und Landschaften auf, die vor allem vor dem Ersten Weltkrieg eher territoriale Konglomerate denn politische, wirtschaftliche, soziale oder kulturelle Einheiten bildeten. Die modernen, weitgehend geeinten Nationalstaaten kamen spät und machen auf der dokumentierten Zeitleiste vom

13. bis 20. Jahrhundert kaum mehr als 10% der Geschichte der baltischen Länder aus.

Der Zwiespalt von Geschichte und Geschichten ist jedoch nur ein Problem. Mindestens genau so fragwürdig ist die Anwendung des Adjektivs «baltisch» auf die Geschichten der drei Länder. Gewiss handelt es sich bei «baltisch» um eine übliche politisch-geographische Bezeichnung; sie verweist aber auf verschiedene und z. T. widersprüchliche Bedeutungen. Während nämlich «baltisch» einerseits zur Kennzeichnung der deutschen Oberschicht («Balten») in den Ostseeprovinzen des Russländischen Kaiserreiches, Estland, Livland und Kurland verwendet werden kann, bezeichnet es in sprachsystematischer Hinsicht eine bestimmte Sprachfamilie, zu der u. a. das Litauische, das Lettische, das Kurische und das Prussische gehören, die ihrerseits als Sprachen der nichtdeutschen Bevölkerung für die Geschichte der baltischen Länder eine hohe Bedeutung haben. Gleichzeitig aber wird dadurch das Estnische, das keine baltische Sprache, sondern Teil der finnougrischen Sprachfamilie ist, ausgeschlossen, obwohl es ebenso wie das Lettische in Livland, aber auch in der schwedischen und später russländischen Provinz Estland gesprochen wurde. Weiter kann «baltisch» in einem allgemeineren Sinne alles bezeichnen, was zur Ostsee (lat. *Mare balticum*, engl. *Baltic Sea*, frz. *(mer) Baltique*, russ. *Baltijskoe more*) gehört; dann wäre jedoch nicht einzusehen, warum nur Estland, Lettland und Litauen unter diesen Begriff fallen sollten und nicht auch Preußen, Pommern, Mecklenburg, Schleswig, Holstein, Dänemark, Schweden, Finnland, Russland usw. Schließlich könnte man annehmen, «baltisch» beziehe sich auf bestimmte Völker, Volksgruppen oder Ethnien. Das ist aber nur dann richtig, wenn die Sprache oder der Raum als Kriterium zur Konstituierung eines «Volkes» anerkannt wird. «Baltische Völker» könnten dann solche «Völker» sein, die eine baltische Sprache sprechen oder im baltischen Raum leben. Doch während das Sprachkriterium hier eindeutig zu sein scheint (s. o.), wären bezogen auf den Raumbegriff Deutsche, Juden, Polen, Kaschuben, Russen, Dänen, Schweden, Finnen, Setu u. a. ebenso «baltische Völker» wie Letten, Litauer, Kuren oder

Prussen. Den Versuch, sich über den Raumbegriff «baltisch» eine gemeinsame, sub- und gleichzeitig transnationale Identität zuzusprechen, haben allerdings zunächst nur die Deutschen in Estland, Livland und Kurland unternommen, während sich Litauer und Letten auf sprachliche Selbstidentifikationen beschränkten und sich erst in der Gegenwart mit dem Sammelbegriff «baltische Völker» anfreunden.

Welche Begriffspräzisierung für die «baltischen Länder» böte sich also an? Diese Frage muss für jede historische Periode einzeln beantwortet werden. Für die Zeit von der deutschen und dänischen Landnahme um die Wende vom 12. zum 13. Jahrhundert bis zur Auflösung der livländischen Konföderation um die Mitte des 16. Jahrhunderts wird das Gebiet der heutigen Staaten Estland und Lettland nach historiographischer Konvention als (Alt-)Livland bezeichnet. Von der Mitte des 16. Jahrhunderts bis zu den russischen Revolutionen von 1917 existierten – zunächst unter schwedischer und polnisch-litauischer, dann unter russischer Herrschaft – die Provinzen Livland, Estland und Kurland, die den größeren Teil der Territorien der livländischen Konföderation umfassten. Litauen wiederum entstand im 13. Jahrhundert zunächst als eigenständiges Großfürstentum, war zwischen dem 14. und 18. Jahrhundert mehrfach mit dem Königreich Polen uniert, kam um die Wende vom 18. zum 19. Jahrhundert unter russische Herrschaft und erreichte am Ende des Ersten Weltkriegs, zeitgleich mit den Territorien der ehemaligen livländischen Konföderation, die staatliche Unabhängigkeit.

Soweit die Periodisierung einer «Geschichte der baltischen Länder», die schon in dieser Vergröberung die Brüchigkeit des Anspruchs einer historiographischen Gesamtschau zeigt. Auf der anderen Seite kann man als Historiker auch nicht einfach an populären geohistorischen Auffassungen vorbeischreiben. Wenn hier also trotzdem versucht wird, die Geschichte der baltischen Länder zusammen zu behandeln, so werden damit bestehende Vorstellungen aufgegriffen und in eine differenziertere Anschauung von der Geschichte der baltischen Länder umgeleitet. Dies kann jedoch in einem schmalen Band wie diesem nur auf dem Niveau einer Einführung geschehen. Und auf diese Weise erhält die vorliegende «Geschichte der baltischen Länder» noch einen anderen Akzent; es handelt sich nämlich um eine von mehreren möglichen Geschichten. Vielleicht macht sie ja Lust auf mehr – damit wäre ihr Ziel vollauf erreicht.

II. Vorgeschichte

Die Ethnogenese baltischer und ostseefinnischer Stämme auf dem Territorium der heutigen Republiken Estland, Lettland und Litauen vollzog sich zwischen 1000 v. Chr. und dem ersten nachchristlichen Jahrtausend. Um 1200 lassen sich für das heutige Lettland und Litauen mehrere Stammesherrschaften oder -gruppen ausmachen, deren Sprachen – mit Ausnahme der Liven (estn. *Liivi*, lett. *Līvi* od. *Lībji*) – zusammen mit derjenigen der weiter südwestlich siedelnden Prussen, Skalven und Jatvinger der baltischen Sprachfamilie zuzuordnen sind. In politisch-sozialer Hinsicht bilden die Kuren (lett. *Kurši*), Semgallen (auch: Niederletten, lett. *Zemgaļi*), Lettgallen (auch: Hochletten, lett. *Latgaļi*), Selen (lett. *Sēļi*) und Liven die fünf Hauptstämme Lettlands. Für die Zeit um 1200 geht man auf dem Territorium des heutigen Lettland von einer Einwohnerzahl von rund 150000 Menschen aus. Drei dieser Ethnien spiegeln sich heute in der administrativen Gliederung des Territoriums der Republik Lettland wieder: *Kurzeme* (Kurland), *Latgale* (Lettgallen) und *Zemgale* (Semgallen). Die Kuren siedelten zwischen dem 6. und 13. Jahrhundert im westlichen Teil des heutigen Lettland und im nordwestlichen Teil des heutigen Litauen, die Semgaller zwischen dem 6. und 14. Jahrhundert zwischen der Rigaer Bucht und dem nördlichen Teil des heutigen Litauen. Die Lettgaller, in vorchristlicher Zeit die zahlenmäßig stärkste Stammesgruppe, bewohnten zwischen dem 6. und 13. Jahrhundert die östlichen Teile des heutigen Lettland. Die Selen siedelten vom 6. bis 14. Jahrhundert zwischen der Düna und dem Land der litauischen Stämme. Lettischsprachige Streusiedlungen befanden sich außerdem im nördlichen Siedlungsgebiet der litauischen Stämme. Alle vier Gruppen tauchen erstmals in deutschen und ostslavischen Quellen des 13. Jahrhunderts auf. Ihre ethnische Verschmelzung zu «Letten» zog sich bis ins 17. Jahrhundert hin.

Die litauischen Stämme siedelten im 13. Jahrhundert in der *Aukštaitija* (Hochlitauen), in der Gegend um Vilnius (poln. Wilno, russ. Vil'na) und im westlicher gelegenen *Šemaitija* (Niederlitauen). Der Name *Litua* fällt erstmals im Zusammenhang mit der Prussen-Mission Bruns von Querfurt (1009). Die älteste russische Chronik berichtet außerdem für das Jahr 1040, dass das Land *Litva* ebenso wie die *Zimegola* (Semgaller), *Kors* (Kuren), *Letgola* (Lettgaller) und die *Lib* (Liven) von der (Kiever und/oder Novgoroder) Rus' abhängig seien.

Ostseefinnische Stämme siedelten auf dem Gebiet der heutigen Republik Estland, zu einem kleineren Teil auch im heutigen Lettland. Ihre Sprache gehörte ebenso wie diejenigen der weiter nördlich und östlich siedelnden Stämme (Finnen, Tavasten, Karelier, Ingrier, Voten, Setu u. a.) zur ostseefinnischen Gruppe der finno-ugrischen Sprachfamilie. Das größte zusammenhängende Siedlungsgebiet besaß die Stammesgruppe der Esten. Sie siedelte an der Ostseeküste ungefähr von Narva nach Süden entlang am Peipussee bis zur heutigen estnisch-lettischen Staatsgrenze sowie auf den Inseln Ösel (estn. *Saaremaa*) und Dagö (estn. *Hiumaa*). Um 1200 kann man von rund 150000 estnischsprachigen Einwohnern ausgehen. Die bereits erwähnten Liven siedelten am Unterlauf der Düna (lett. *Daugava*) und nördlich davon entlang der Küste. Im kurischen Gebiet, in dem auch noch andere ostseefinnische Stämmen siedelten, bildeten die Liven die Oberschicht. Das livisch-finnische Idiom ist heute fast ausgestorben. Ethnisch sind die Liven während der Neuzeit weitgehend in der lettischen Bevölkerung aufgegangen. Für die Zeit um 1200 geht die Forschung von rund 20000 Liven aus. Sie waren die ersten Bewohner der baltischen Länder, auf die hansische Kaufleute im 12. Jahrhundert stießen. Ihr Name wurde zur Bezeichnung für das gesamte Hinterland der späteren Hansestädte («Livland»).

Die vorgeschichtlichen Stämme der baltischen Länder betrieben vor allem Ackerbau und Viehzucht, daneben beschäftigten sie sich mit Jagd, Fischfang, Bienenzucht und Waldwirtschaft. Kuren, Semgaller und Esten fuhren außerdem zur See und waren besonders in den nordischen Ländern als Seeräuber gefürchtet. Unter den Liven befanden sich zahlreiche wohlhabende Kaufleute. Sie verkauften Pelze, Honig, Wachs, Getreide und Sklaven und führten Waffen, Salz, Tücher und Edelmetalle in die baltischen Länder ein.

Die politische Organisation war bei den verschiedenen Stammesgruppen unterschiedlich. So lassen sich bei den lettischen Stämmen lokale «Könige» (lat. *reges*, lett. *ķoniņi*) ausmachen. Quellen des 13. Jahrhunderts etwa berichten von zwei großen lettgallischen «Königreichen» – *Tālava* und *Jersika* –, mit denen deutsche Kreuzritter in Konflikt gerieten, die aber auch – gelegentlich mit Hilfe der Kreuzritter – gegen die estnischen Stämme im Norden kämpften. Für die semgallischen Gebiete konnten bis heute mindestens sieben Herrschaftsbezirke identifiziert werden. Die litauischen Stämme wurden offenbar durch Burgherren regiert, die untereinander hierarchisch verbunden waren. Ihre Macht stützte sich auf persönliche Gefolgschaften. Damit ähnelten die Herrschaftsverhältnisse denen ihrer slavischen Nachbarn. Im Umfeld der Herrschaftszentren entstanden Burgsiedlungen. Das Gros der Bevölkerung wurde von freien Bauern gebildet. Die estnischen Stämme kannten im Gegensatz zu den baltischen Stämmen nur die «Ältesten» als politische Autorität. Auch hier wurde die Masse der Bevölkerung von freien Bauern gestellt.

Gegenüber den benachbarten slavischen Stämmen und den Herrschaften der Rus' (Novgorod, Pskov, Polock) konnten sich die baltischen und ostseefinnischen Stämme bis ins 13. Jahrhundert weitgehend behaupten. Nur im Norden führten, nachdem Jaroslav Mudryj (1015–1045) vermutlich im Jahre 1030 Jur'ev (estn. Tartu, dt. Dorpat) gegründet hatte, Vorstöße des Fürsten von Tver', Jaroslav Jaroslavič (1230–1271), 1262 zur zeitweiligen Besetzung der Gebiete um Jur'ev und Kukenois (dt. Kokenhusen). Erst die Eroberung der baltischen Länder durch deutsche Kreuzritter und Kaufleute brachte die alten Stammesherrschaften nach und nach zum Verschwinden.

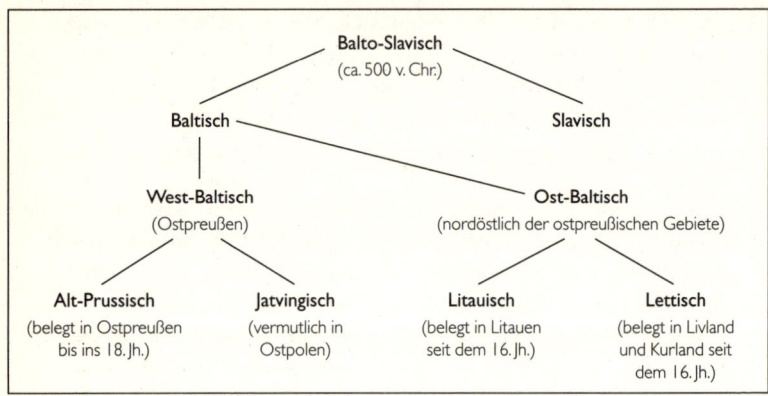

Abb. 1: Stammbaum der baltischen Idiome

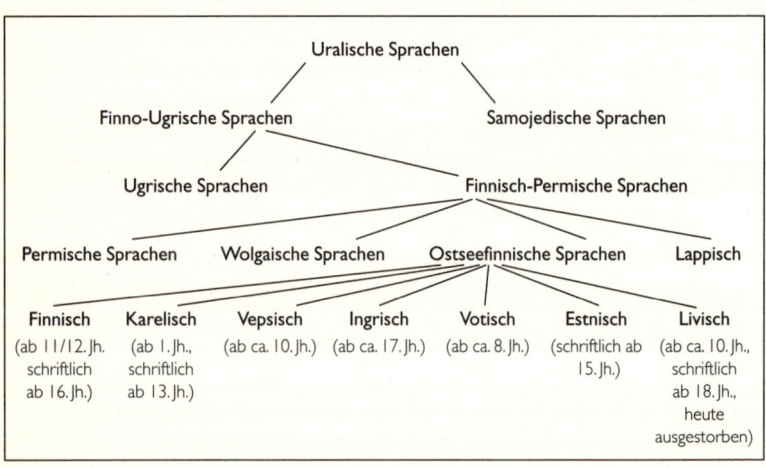

Abb. 2: Stammbaum der ostseefinnischen Idiome

III. Mittelalter (13.–16. Jahrhundert)

1. (Alt)Livland

Zu Beginn des 13. Jahrhunderts gelangten die heutigen Territorien Estlands und Lettlands dauerhaft unter die Herrschaft fremder Mächte. Die «Ostmeer-Heiden», wie sie in den *Gesta Danorum* des dänischen Geschichtsschreibers Saxo Grammaticus (* ca. 1150, † 1220) genannt werden, unterhielten zu diesem Zeitpunkt mit ihren Nachbarn (Karelier, Tavasten/Hämäläiset, Finnen, Wikinger, Novgoroder Rus', Königreiche Dänemark und Schweden) bereits seit mehreren Jahrhunderten weit ausgreifende Handelskontakte oder waren mit ihnen in kriegerische Auseinandersetzungen verwickelt. Das Erbe dieser frühen Begegnungen übernahmen nach der Gründung Lübecks (1158/59) und dem Aufkommen der Hanse in der zweiten Hälfte des 12. Jahrhunderts mehr und mehr Kaufleute, christliche Missionare und Kreuzritter aus dem Norden des Heiligen Römischen Reiches. Sie wirkten dabei eng zusammen. Der Handel mit der noch nicht christianisierten Bevölkerung im südlichen und östlichen Teil der Ostsee war für die hansischen Fahrtgemeinschaften lukrativ, aber wegen der weit verbreiteten Seeräuberei auch gefährlich. Die Kaufleute brauchten den bewaffneten Schutz der Kreuzfahrer, die ihrerseits mit Hilfe der Kirche versuchten, die ansässige baltische und ostseefinnische Bevölkerung zu christianisieren und zu unterwerfen.

Bei der Kirche stießen solche Bestrebungen auf offene Ohren. Die religiöse Erneuerungsbewegung des 11. und 12. Jahrhunderts und die Entstehung zahlreicher neuer Orden führten zu Missionsbestrebungen, die sich im 12. Jahrhundert vor allem auf die slavischen, baltischen und ostseefinnischen Gebiete der südlichen und östlichen Ostseeküste konzentrierten. Nachdem eine um 1180 begonnene friedliche Missionierung der Düna-Liven durch den vom Bremer Erzbistum entsandten Segeberger Augustiner-Chorherren Meinhard (?–1196) gescheitert war, erklärte der Papst das Livenland zum Kreuzzugsgebiet. Nach wechselnd erfolgreichen Unternehmungen schwedischer, dänischer, gotländischer und deutscher Ritterheere in den Jahren 1197 und 1198 gelang es schließlich dem wiederum vom Bremer Erzbistum entsandten Bischof Albert de Bekeshovede (auch: Albert von Bexhövede oder Buxhövden, *ca. 1165, †1229) im Jahre 1200 im Rahmen einer konzertierten Aktion von Kreuzrittern und Kaufleuten aus Gotland, Sachsen, Westfalen und den rechtselbischen Gebieten, nach Absprache mit dem rivalisierenden dänischen König Knud VI. (1182–1202) und mit dem Segen des Papstes, einen Kreuzzug ins Livenland zu unternehmen, der 1201 zur Gründung des Hafens und der Stadt Riga (lett. Rīga) an der Dünamündung führte. In Riga wurde 1201 oder 1202 ein Dom mit einem eigenen Kapitel errichtet. Der Papst erklärte die Stadt und ihre Umgebung zum Marienland, das als Grundlage zur Belehnung von Kreuzrittern diente und damit zur Entstehung eines livländischen Vasallentums beitrug. Den Schutz des Landes übernahm schon bald ein von Kreuzrittern aus dem Gebiet zwischen Soest und Kassel 1204 oder 1205 gegründeter Ritterorden, die *fratres milicie Christi de Livonia* (Brüder der Ritterschaft Christi zu Livland), die nach ihrem Mantelwappen, einem Kreuz über einem nach unten zeigenden Schwert auch «Schwertbrüder» genannt wurden. Als Bischof Albert den Stauferkönig Philipp von Schwaben (1198–1208) im Jahre 1207 als Lehnsherren gewann, wurde das Livenland ein Lehen des Heiligen Römischen Reiches.

Da Bischof Albert mit Hilfe des Schwertbrüderordens immer mehr Eroberungen ostseefinnischer und baltischstämmiger Gebiete auf sein eigenes Erfolgskonto buchen konnte, war der Orden gezwungen, sich anders zu profilieren, wollte er nicht zusehen, wie sein Machtstatus gegenüber dem Bischof stetig sank. 1208 brach er im Bündnis mit den Rigaer Kaufleuten und den *Tālava*-Letten einen mit kürzeren Unterbrechungen 20 Jahre lang tobenden Esten-Krieg vom Zaun, in den nach und nach und in wechselnden Koalitionen auch der Bischof von Riga, die Städte Novgorod und Pskov (dt. Pleskau), das Königreich Dänemark und die Kurie in Rom hineingezogen wurden. Die Rigaer Kaufleute und die *Tālava*-Letten rächten sich dabei für estnische gewalttätige Übergriffe. Der Orden kämpfte um Macht und Ansehen gegenüber dem Bischof, der nun um seine dominierende Stellung im Kreuzzugsland fürchten musste. Novgorod und Pskov verteidigten vorgebliche Tributrechte gegenüber den Esten. Dänemark erhob Ansprüche auf das Estenland als Missionsgebiet des Erzbistums Lund. Und die Kurie wahrte ihre Rechte auf Zuteilung eroberter Kreuzzugsgebiete an die Kreuzfahrer. Die Einzelheiten des Esten-Krieges können hier vernachlässigt werden. 1218 waren bis auf die Insel Saaremaa (dt. Ösel) alle estnischen Verbände besiegt. Als die Kurie nach der Entsendung eines Kreuzfahrerheeres unter dem Dänenkönig Valdemar II. Sejr (1202–1241) sowohl den Dänen als auch den Deutschen das Missionsrecht zusicherte, zog sich der Krieg, in dessen Verlauf wahrscheinlich die Stadt Reval (estn. Tallinn = dän. Danskerborg, 1219; vielleicht aber auch erst um 1235) gegründet wurde, noch weitere Jahrzehnte zwischen den Konfliktparteien hin, bis das Estenland 1227 endgültig unter die Botmäßigkeit der Schwertbrüder und der Kurie gelangte.

Nach der Eroberung entwickelte sich in Livland und Estland eine eigene Sozialstruktur, die von der zugewanderten Geistlichkeit, dem Adel und Bürgertum auf der einen und den ostseefinnischen und baltischen Einwohnern auf der anderen Seite bestimmt war. Die überwiegend aus dem nördlichen Sachsen und Holstein, aber auch aus Westfalen, Ostsachsen, den Königreichen Frankreich und Dänemark stammenden Geistlichen waren aufgrund ihrer Herkunft aus Klöstern, geistlichen Orden und Stiften zumeist gut ausgebildet und versahen ihren Dienst als Missionare und Seelsorger unter der baltischen und ostseefinnischen Bevölkerung wie auch unter den anderen Deutschen. Sie waren in geistlichen Orden wie den Augustinerchorherren, Zisterziensern, Schwertbrüdern, Dominikanern oder Franziskanern organisiert. Darüber hinaus bestand Livland aus vier Diözesen (Riga seit 1202, Dorpat seit 1210, Ösel-Wiek seit 1217, Kurland seit 1234), während Estland seit 1219 ein Suffraganbistum des dänischen Erzbistums Lund bildete. Die Bischöfe fungierten als Oberherren der Kirche wie des Landes. Als Kirchenherren waren sie der Kurie in Rom, als Landesherren dem Römischen Kaiser lehnsrechtlich verpflichtet. Doch beschränkte sich die Herrschaftsausübung von Papst und Kaiser auf gelegentliche Interventionen bei Konfliktfällen, vor allem zwischen Bischöfen und Orden oder livländischen Ständen und außerlivländischen Mächten.

Der Adel setzte sich teils aus bischöflichen Vasallen, teils aus Ritterbrüdern zusammen. Die Vasallen fungierten als Vögte und Burgherren, also als kirchlicher Dienstadel. Dessen Existenzgrundlage war das Lehen, auf dem er Mühlen zur Steigerung seiner Einkünfte betrieb und als Guts-, Gerichts- und Zinsherr über die Bauern regierte. Hier lag der Ursprung der Erbuntertänigkeit der Zinsbauern. Die Zahl der von ihr Betroffenen nahm seit dem 13. Jahrhundert stetig zu. Zwischen den Vasallengeschlechtern gab es durch Erbteilung gewaltige Unterschiede nach Vermögen und Rang. Aber auch der Stillstand der territorialen Expansion, Kriege, Seuchen u. ä. hatten einen Einfluss auf Prosperität und Armut und führten in einigen Fällen sogar zum Verschwinden von Vasallengeschlechtern.

Eine weit größere Unabhängigkeit genoss der Ritteradel. Der Schwertbrüderorden lebte nach eigener Regel. Der Orden vom Sankt-Marien-Hospital der deutschen Jerusalemfahrer (*Ordo fratrum hospitalis sanctae Mariae Theutonicorum Ierosolimitanorum*), kurz: der Deutsche Orden, hatte die Regel des Templerordens übernommen. Die Mitglieder beider Orden entstammten überwiegend dem Ministerialien-, teilweise auch dem edelfreien und bürgerlichen Stande und kamen meist aus Thüringen, Westfalen, aus dem Rheinland und den oberdeutschen Landschaften. Nach der Niederlage des Schwertbrüderordens gegen die Litauer und seiner Inkorporation in den Deutschen Orden (1237) waren im Deutschen Orden bis zu Beginn des 16. Jahrhunderts zwischen 100 und 400 Brüder organisiert. Zusammen mit seinem um das Zehnfache stärkeren Anhang (Dienstleute, Auxiliartruppen) und gestützt auf ein System von mächtigen Burgen bildete er die stärkste Militärmacht in Livland. Allerdings litt er im 15. Jahrhundert zunehmend unter Nachwuchsmangel. Seine Einstellung zur hohen Geistlichkeit war gespalten und je nach Periode unterschiedlich. In den meisten Teilen Livlands war der Orden dem Erzbischof und den Bischöfen gegenüber zum Gehorsam verpflichtet und erhielt dafür von diesen Land. In Semgallen standen dem Erzbischof nur die Spiritualien zu. Darüber hinaus war der livländische Ordensmeister dem preußischen Hochmeister des Ordens unterstellt, der den livländischen Ordensmeister einsetzte und das Visitationsrecht in Livland innehatte. Nach der Schlacht von Zalgiris (dt. Tannenberg, poln. Stębark, 1410) setzten jedoch Tendenzen zu einer Verselbständigung Livlands ein. In Kurland und Estland dagegen war der Orden dem dänischen König verpflichtet. Nach dem Übergang Nordestlands von Dänemark an den Deutschen Orden in der Mitte des 14. Jahrhunderts blieben die estländischen Ritterschaften vom Episkopat unabhängig.

Von der Mitte des 13. bis zur Mitte des 14. Jahrhunderts bildeten sich in Dänisch-Estland und im Erzstift Riga Adelskorporationen heraus, die bis zur Mitte des 15. Jahrhunderts ihre Korporationsrechte kodifizierten und von den Landesherren konfirmiert erhielten. Die «Einigungen» und andere Zusammenkünfte der Adelskorporationen, an denen mitunter auch Repräsentanten der Städte, der Orden und der Stifte teilnahmen, bildeten den Kern der späteren Landtage.

Die Städte erfüllten die Funktion von Handelszentren, Geldgebern, militärischen Stützpunkten und Gerichtsstätten. Als Sitz des Erzbischofs galt Riga als die politisch und kulturell vornehmste Stadt des mittelalterlichen Livland. Im Handel spielten ebenfalls Riga, aber auch Reval und Dorpat (Stadtrecht 1224) als Umschlagplätze für Waren, die aus dem Westen kamen und in die Städte der Rus' (Novgorod, Pskov, Polock u. a.) weitertransportiert werden mussten, die bedeutendste Rolle. Als Mitglieder der Hanse, zu der im livländischen Bereich auch Pernau (estn. Pärnu), Fellin (estn. Viljandi), Wolmar (lett. Valmiera), Lemsal (lett. Limbaži), Wenden (lett. Cēsis), Roop, Windau (lett. Ventspils), Goldingen (lett. Kuldiga) und Kokenhusen (estn. Kukenois) zählten, waren sie in ein komplexes Netz von Handelsbeziehungen und zwischenstädtischen Rechts- und Schutzpakten eingebunden, das den gesamten Ost- und Nordseeraum umfasste.

In die Rus' verkauften die livländischen Kaufleute vor allem Salz, Hering, Tücher und Metalle, die sie aus den Hansestädten bezogen. An Kaufleute der Hansestädte, der Niederlande und des britischen Königreiches verkauften sie aus der Rus' stammende Waren wie Pelze, Flachs, Wachs, Tran, Talg, Hanf, Häute, Holz oder Butter. Livland selbst setzte über die Städte vor allem Getreide ab, während es aus dem Westen die gleichen Waren einführte, die auch in die Rus' gingen; außerdem Stockfisch, alkoholische Getränke, Südfrüchte und feinhandwerkliche Erzeugnisse. Es waren die Erträge aus dem Handel, die die finanziellen Ressourcen zur militärischen Sicherung des Landes und für Kriege bereitstellten. Außer den drei befestigten Städten Riga, Reval und Dorpat sollten weitere mit Palisaden (Hakelwerken) oder Mauern umgebene Städte den Schutz der Bevölkerung garantieren. Dazu zählten Fellin (estn. Viljandi, gegr. 1217), Kokenhusen (lett. Koknese, gegr. ca. 1219–1225), Wolmar (lett. Valmiera, um 1224 Flecken, 1323 Stadt), Narva (gegr. 1294), Pernau (estn. Pärnu, gegr. 1265), Roop (lett. Straupe, gegr. Mitte 14. Jh.) und Windau (lett. Ventspils, 1244 Hakelwerk, 1369 Stadt). Außerdem existierten offene, aber durch Burgen geschützte Städte wie Hapsal (estn. Haapsalu, Hakelwerk, 1279 Stadt), Walk (estn. Valga, gegr. vor 1286), Weißenstein (estn. Paide, Hakelwerk, 1291 Stadt), Wesenberg (estn. Rakvere, 1302), Lemsal (Hakelwerk, 1385 Stadt), Hasenpoth (lett. Aizpule, Hakelwerk, 1378 Stadt), Pilten (lett. Piltene, 1329 Hakelwerk, ab 15. Jh. Stadt) oder Alt-Pernau (estn. Vana Pärnu 1251). Ebenfalls offen, aber durch eine Burg geschützt, waren die Hakelwerke Arensburg (estn. Kuressaare, vor 1424), Mitau (lett. Jelgava, 1573 Stadt) und Oberpahlen (estn. Põltsamaa, Burg von 1272). Sie alle fungierten als kleinere Zentren des Binnenhandels und der Rechtsprechung.

Die städtische Bevölkerung stammte zunächst aus Gotland und dem Heiligen Römischen Reich (v. a. Ostfalen, Ostsachsen, Thüringen). Später kamen Personen anderer Herkunft hinzu, vor allem die sog. «Undeutschen» (Balten, Ostseefinnen, u. a.), aber auch ehemalige Untertanen fremder Herrscher (Schweden, Novgorod u. a.). Im 16. Jahrhundert schwankte der städtische

(Alt)Livland

Anteil von Personen aus dem Heiligen Römischen Reich zwischen 45% und 65% (für die Zeit davor fehlen Angaben). Der Rest setzte sich aus «Undeutschen» (Letten, Esten u.a.) und Fremden zusammen. Bis zur Mitte des 14. Jahrhunderts wurde die rechtliche Trennung zwischen den Deutschen auf der einen Seite und den «Undeutschen» und Fremden, denen der Zugang zum Bürgerrecht zunehmend erschwert wurde, auf der anderen Seite immer deutlicher. Parallel dazu bildete sich eine scharfe rechtlich-soziale Differenz zwischen Kaufleuten und Handwerkern heraus, die sich vor allem in den unterschiedlichen Gilden und Zünften manifestierte. Auch zwischen den Städten existierten rechtliche Unterschiede. In Reval, Narva und Wesenberg galt lübisches, in allen anderen Städten rigisches Recht. Die Städte wurden vom Stadtrat (Patrizierfamilien), in bestimmten Angelegenheiten auch von Stadtrat und Gemeinde (Vertretung der Gilden und Zünfte) regiert. Sie besaßen eine eigene Gerichtshoheit und das Münzrecht.

Von der Erstarkung des Vasallenadels auf dem Land waren am stärksten die estnischen, livischen, lettgallischen und semgallischen Bauern betroffen. Sie waren im 13. und 14. Jahrhundert noch weitgehend persönlich frei, bildeten Haus- und Dorfgemeinschaften und organisierten ihren Alltag unabhängig von den eindringenden fremden Herren. Nach und nach verloren jedoch die meisten von ihnen das Recht auf Freizügigkeit und Waffenbesitz. Dabei unterstanden sie ihren Herren zunächst noch nicht persönlich, sondern nur dinglich, durch Abgaben, und juristisch, als Gerichtsmündel. Ab dem 15. Jahrhundert hatte jedoch aufgrund zahlreicher Kriege und damit verbundener Verwüstungen von Bauernhöfen und Dörfern eine Entwicklung zu vermehrten Arbeitsleistungen und Naturalabgaben, zu Erbuntertänigkeit und Schollenpflichtigkeit, zum Verlust des Bodens als persönlichem Eigentum der Hintersassen und zur Pflicht des persönlichen Waffendienstes für den Grundherren eingesetzt. Dieser Prozess fand seines Abschluss während des 16. Jahrhunderts. Nicht davon betroffen waren die im Laufe des Mittelalters auf die Inseln Ösel, Dagö und Moon (estn. Muhu) sowie entlang der estnischen Küste zwischen Reval und

Virtsu einwandernden schwedischen Bauern, die persönlich frei blieben und besondere Privilegien genossen.

Bischof, Kaufleute, Ritter- und Mönchsorden sowie das Heilige Römische Reich bildeten eine solide Grundlage zum Ausbau der Eroberungs- und Missionspolitik in Livland. Gleichwohl erschwerten Zwistigkeiten zwischen dem Bischof und dem Schwertbrüderorden, Auseinandersetzungen mit den umliegenden Stammesherrschaften und die Kollision mit den Interessen der Fürsten der Rus' und Litauens eine gradlinige Politik. 1206 hatte der Schwertbrüderorden für seine Waffendienste vom Bischof zu Riga ein Drittel des livländischen Territoriums und weiterer zu erobernder Länder verlangt, konnte dies jedoch erst 1210, mit Hilfe des Papstes, zum größten Teil durchsetzen. Währenddessen zog sich die Unterwerfung der Stammesherrschaften in der Nachbarschaft des livländischen Reichslehens hin. In einzelnen Fällen, etwa bei den Lettgallen und Semgallen, gelang es Bischof und Orden, die Stammesherrschaften zu zerschlagen, die Bevölkerung zur Annahme des Christentums zu bewegen oder sie nach Litauen zu vertreiben – wo der Kampf dann fortgesetzt wurde. Manchmal führte der Krieg gegen das Heidentum aber auch zur Auslöschung oder Assimilation ganzer Stämme – etwa im Fall der Selonen oder Kuren, die gegen Ende des 13. Jahrhunderts in anderen Teilen der Bevölkerung aufgingen.

Mit der Eroberung des Herrschaftsgebietes der Esten war aber eine Grenze erreicht. 1236 erlitt der Schwertbrüderorden gegen die Litauer eine schwere Niederlage im Gebiet Saule. Seine Reste gingen 1237 im Deutschen Orden auf, der nun neben dem preußischen auch einen livländischen Zweig erhielt. Damit war die Südexpansion der Kreuzfahrer zum Stehen gekommen. Weitere Vorstöße des Deutschen Ordens gegen die Litauer führten nicht zu nennenswerten Erfolgen. Im Norden schwächte die Teilung Estlands in einen dänischen und einen deutschen Teil im Jahre 1238 die Macht des Ordens. Im Osten betrieb er mit Billigung der Kurie und im Bündnis mit Dänen und Schweden eine Eroberungs- und Missionspolitik gegenüber den ostseefinnischen Voten, Ingriern und Kareliern, stieß dort aber auf den Widerstand der Novgoroder. Der Orden wurde durch novgorodische Verbände unter Fürst Aleksandr (Nevskij) zunächst an der Neva (1240) und kurze Zeit später auf dem Peipussee (1242) entscheidend geschlagen.

Innerhalb seiner Herrschaftsgrenzen konnte der Deutsche Orden seine Macht jedoch in der zweiten Hälfte des 13. Jahrhunderts langsam konsolidieren. 1261 unterwarf er die Öseler, 1267 schloss er einen «ewigen Frieden» mit den Kuren, 1268 mit den Novgorodern, und 1272 eroberte er das zwischenzeitlich verlorene Semgallen zurück. Die erreichten Positionen wurden durch Burgen systematisch abgesichert. Aus dem rund hundertjährigen Krieg um die Herrschaft in Livland waren der Deutsche Orden, aber auch das Rigaer Erzbistum als vorläufige Sieger hervorgegangen. Daraus ergaben sich jedoch neue Konflikte. Dies gilt insbesondere für den mit Unterbrechungen über hundertjährigen Streit zwischen dem Orden und dem inzwischen zum Erzbistum erhobenen Bischofssitz in Riga um die Hoheitsrechte über die Stadt Riga. In diese Auseinandersetzung wurden nach und nach die Harrisch-Wierische Ritterschaft (Estland), der Römische Kaiser, der Papst und am Ende des 14. Jahrhunderts die dänische und litauische Krone hineingezogen. Der Konflikt endete vorläufig mit dem sog. Danziger Frieden von 1397, in dem sich der Deutsche Orden gegen die Herrschaftsansprüche des Erzbistums durchsetzte, dafür aber in der Folgezeit nicht auf die Mitarbeit der Erzbischöfe bei der Landesverwaltung zählen konnte; überdies erhielten diese ihren Anspruch auf Riga aufrecht. Erst ein allgemeiner Landtag von 1435 führte die zerstrittenen Parteien auf kurze Zeit zusammen. In der sog. Konföderation von Walk verständigten sich Landesherren, Domkapitel, Ordensmeister und Ordensgebietiger, Vasallen und Städte, Livland für die kommenden sechs Jahre gemeinsam gegen äußere Feinde zu verteidigen. Außerdem entsagte der Rigaer Erzbischof für zwölf Jahre seinen Ansprüchen auf die Stadt. Der allgemeine Hass auf die Ordensherrschaft war damit freilich nur übertüncht. Bereits in den 1450er Jahren brachen die Konflikte wieder auf, um sich bis zum Ende des 15. Jahrhunderts hinzuziehen.

Im Gegensatz zu Livland erlebte das nördliche Estland unter der über hundertjährigen dänischen Herrschaft (1238–1343) eine lange Friedenszeit. 1248 verlieh der dänische König Erik IV. Plovpenning (1241–1250) der seit 1230 mit deutschen Kaufleuten aus Gotland besiedelten Stadt Reval – mit Ausnahme des zum Kirchenland gehörenden Dombergs – lübisches Stadtrecht. Die Vasallen des dänischen Königs formierten sich in der zweiten Hälfte des 13. Jahrhunderts zu Adelskorporationen und ließen sich mit dem sog. Waldemar-Erichschen Lehnsrecht (1315) ihre Lehen schriftlich bestätigen, während die estnische Bevölkerung ihre Landschaften, Gaue und Dorfmarken sowie ihre politische Organisation zwar zunächst behielt, aber Tribute und Arbeitsleistungen an Kirche und Ritterschaften leisten musste. Dieses System führte in eine Krise, als der dänische König Valdemar IV. Atterdag (1340–1375) 1341 über einen Verkauf Estlands an den Deutschen Orden verhandelte und gleichzeitig ein Aufstand der Esten losbrach, der das Überleben der dänischen und deutschen Herren ernsthaft in Frage stellte. Er konnte nur mit Hilfe des Deutschen Ordens niedergeschlagen werden.

Der Orden erwies sich damit erneut als dominierende Macht. 1346 verkaufte die dänische Krone Dänisch-Estland an den Hochmeister des Deutschen Ordens, der die Verwaltung kurze Zeit später an den livländischen Ordensmeister übertrug. Die estländischen Ritterschaften wurden bei diesen Transaktionen nicht gefragt, erhielten aber 1347 – genau wie die Stadt Reval und die Klöster – eine Konfirmation ihrer Privilegien.

Abgesehen von den Konflikten zwischen den Ständen blieben die ständischen Territorien ständig äußeren Gefahren ausgesetzt. Die Fürsten von Litauen, Novgorod und Pskov und die Könige von Dänemark und Schweden lauerten auf Chancen, in die livländischen Angelegenheiten eingreifen zu können. Als der litauische Großfürst Jogaila (1377–1434) in Kreva (poln. Krewo) 1385 eine Personalunion mit Polen schloss, als Władysław II. Jagiełło (1386–1434) den Unionsthron bestieg und 1386 zum Christentum konvertierte, keimte für kurze Zeit die Hoffnung auf, Litauen könne mit einem christlichen Herrscher zum dauerhaften Partner der Livländer werden. Sie wurde jedoch bit-

(Alt)Livland

ter enttäuscht, als der Deutsche Orden in der Schlacht von Zalgiris/Tannenberg (1410) eine katastrophale Niederlage gegen ein polnisch-litauisches Heer hinnehmen musste. Die Inkorporation Novgorods durch den Moskauer Großfürsten Ivan III. (1462–1505) im Jahre 1478 und die dadurch gewachsene Macht Moskaus verschärfte die außenpolitische Lage des Ordens weiter.

Wie man sieht, befanden sich die Korporationen und sozialen Gruppen, die hier vereinfachend unter dem Begriff Altlivland abgehandelt werden, in komplexen Abhängigkeiten untereinander. Gleichzeitig waren sie verschiedenen Oberherren (Kaiser, dänischer König, Römische Kurie) verbunden und bildeten weder eine Gesellschaft noch einen Staat im modernen Sinne. Auch die unvollständigen und zeitlich beschränkten Konföderationen, in denen Orden und Bischöfe eine herausragende Rolle spielten, konnten nur selten alle existierenden Korporationen auf ein Ziel hin verpflichten. Moderne Zuschreibungen politischer Entitäten («Ordensstaat», «Staatenbund» u. ä.), wie man sie gelegentlich in der Literatur antrifft, sind also verfehlt. Es handelte sich um ein sehr instabiles Machtsystem, dessen Hauptkräfte (Kirche, Adel, Stadtbürger, indigene Bauern) ihr wechselseitiges Verhältnis immer von neuem ausbalancieren mussten.

Deshalb wird man auch kaum von einem «Niedergang Altlivlands» sprechen können. Differenzen innerhalb des Ordens und zwischen Orden und Bischöfen, die Einführung der Reformation und außenpolitischer Druck führten in der ersten Hälfte des 16. Jahrhunderts allerdings zur völligen Dissoziation des altlivländischen Machtsystems. Unter dem livländischen Ordensmeister Wolter von Plettenberg (1494–1535) und dessen erfolgreicher Gleichgewichtspolitik zwischen Moskauer, preußischen und Reichsinteressen erlebte der altlivländische Konföderationsgedanke zwar noch einmal einen gewissen Aufschwung; die allgemeine Auflösung war dadurch jedoch nicht aufzuhalten. Als 1466 ein großer Teil des (preußischen) Ordenslandes an den König von Polen («Preußen königlichen Anteils») verloren ging, der Hochmeister des Deutschen Ordens in Preußen zum Luthertum konvertierte und Preußen in ein weltliches

Herzogtum unter Oberhoheit des Königs von Polen (beides 1525) verwandelt wurde, brach der wichtigste Rückhalt des livländischen Zweiges des Deutschen Ordens weg. Ein Übriges tat die Reformation in Livland.

Im ausgehenden 15. Jahrhundert mehrten sich auch in Livland die Zeichen eines religiösen Umbruchs. Der Unmut der Stände (Städte, Adel) gegenüber den Landesherren (Bischöfe, Orden) wuchs, innerhalb der Kirche wurde der Ruf nach Maßnahmen gegen den moralischen und sittlichen Verfall des Klerus und des Kirchenvolkes immer lauter. Gleichzeitig forderten Teile des Klerus, den Missionsauftrag der livländischen Kirche zu erfüllen und die Kirchenarbeit unter den «Undeutschen» zu verstärken. Entsprechende Reformen wurden Anfang des 16. Jahrhunderts in die Wege geleitet. Der Kampf gegen abweichende Lehrmeinungen («Ketzerei») spielte dabei eine untergeordnete Rolle. Der entscheidende Umbruch kam 1521/22 durch den evangelisch predigenden Rigaer Kaplan Andreas Knopken (ca. 1468–1539), der stark von Erasmus von Rotterdam (1469–1536) und dem Reformator der Ostseeländer, Johannes Bugenhagen (1485–1558), beeinflusst war, und seinen waldensisch-hussitischen und lutherischen Ideen anhängenden Rigaer Kollegen Sylvester Tegetmeyer (ca. 1519/1522–1552). Tegetmeyers Lehren schlossen sich schon bald der Rat der Stadt Riga sowie der Erzbischof und der Ordensmeister an. Gleichzeitig verbreitete sich in der ersten Hälfte der 1520er Jahre die Reformation in den Städten und auf dem Land – zum Teil mit heftigen Bilderstürmereien. Sie riss die alten Gräben zwischen den Korporationen wieder auf und vertiefte sie weiter. Die Spaltung in Anhänger der neuen und der alten Lehre ging quer durch alle Lager – mit Ausnahme der estnischen und lettischen Bauern, die, nur oberflächlich christianisiert, den Kampf ihrer Herren um theologische Spitzfindigkeiten wohl eher als eine Einladung auffassten, sich an die vorchristlichen Götter, Kulte, Sitten und Gebräuche zu halten. Dieses Bild jedenfalls zeichnen die Visitationsberichte der späteren schwedischen Bischöfe.

Schließlich brach Altlivland unter dem diplomatischen und militärischen Druck Moskaus zusammen. Als der Moskauer

Großfürst Ivan IV. («der Schreckliche», 1547–1584) 1558 aus wirtschaftlichen Interessen, behaupteten historischen Ansprüchen und innermoskovitischen Zwisten heraus einen Krieg gegen Livland anzettelte, entbrannte ein 25jähriger bewaffneter Konflikt (1558–1582/83) zwischen Dänemark, Schweden, Polen-Litauen und Moskau. Er führte zunächst zu einer vernichtenden Niederlage des Deutschen Ordens gegen Moskau in der Schlacht bei Ermes im Jahre 1560 und schließlich zur Aufteilung Livlands unter die rivalisierenden Mächte. 1561 wurden Reval und die Ritterschaft von Harrien-Wierland unter die schwedische, Ösel und das Stift Pilten unter die dänische und die livländischen Landschaften unter die polnisch-litauische Krone, der sich 1582 auch die Stadt Riga unterwarf, gezwungen. Damit hörte die relative Selbständigkeit der altlivländischen Korporationen auf zu existieren.

2. Litauen

Litauen tritt als politisches Gebilde spätestens im 13. Jahrhundert in Erscheinung, indem es von den Außenmächten als letzter Hort des europäischen Heidentums, potentielles Missionsgebiet der Kirche und Expansionsgebiet des livländischen und preußischen Ritteradels wahrgenommen wird. Entsprechend waren die ersten Jahrzehnte des 13. Jahrhunderts von Auseinandersetzungen zwischen dem Schwertbrüderorden und den litauischen Fürsten gekennzeichnet, von denen der wahrscheinlich aus Aukštaitija stammende Mindaugas (Mindowe, Mendorg †1263) – erstmals 1238 als Herrscher von Litauen erwähnt – wohl der bedeutendste war. Indem sie die Schwäche der Rus' nach dem Mongoleneinfall (1240) ausnutzten, eroberten Mitglieder der Mindaugas-Dynastie zwischen 1239 und 1250 Teilgebiete der Rus' an der oberen Düna (Polock) und am oberen Dnepr (Smolensk). Dabei wurden sie teils vom Deutschen Orden, teils von Rom unterstützt. Diese nutzten jedoch gleichzeitig Zwistigkeiten innerhalb der Herrscherfamilie aus und gewannen einzelne Mitglieder zur Taufe nach lateinischem Ritus (Tautvilas 1250, Mindaugas 1251). 1251 erklärte Papst

Innozenz IV. (1243–1254) Litauen zum «Eigentum des Heiligen Petrus». 1253 ließ er Mindaugas durch den Bischof von Kulm (Preußen), Heidenreich (ca. 1245–1263), zum König von Litauen krönen. Die Bischöfe von Riga, Ösel und Kulm erhielten den Auftrag, Mindaugas bei der Heidenmission zu unterstützen, die sich, begleitet von militärischen Eroberungen, bis nach Schwarzrussland erstreckte. Im Gegenzug überschrieb Mindaugas die Landschaft Šemaitija an den Deutschen Orden, der damit seine lang ersehnte Landbrücke zwischen Preußen und Livland erhalten sollte. Allerdings sollte es dem Orden in fast 200 Jahre währenden Kämpfen nicht gelingen, das Gebiet zu befrieden.

Erster Bischof in Mindaugas' Herrschaftsgebiet wurde der Deutschordenspriester Christian (1253–1263). Die Einrichtung einer geplanten zweiten Diözese für das prussische Sudauerland und das südwestliche Litauen wurde durch die militärischen Entwicklungen verhindert. 1260 erlitt der Deutsche Orden bei Durbe in Südkurland eine schwere Niederlage gegen die Šemaiten. Daraufhin kündigte Mindaugas 1262 das Bündnis mit dem Orden; Bischof Christian blieb den herrschenden Šemaiten schutzlos ausgeliefert und wurde 1263 von ihnen ermordet.

Nach der Ermordung Mindaugas' 1263 fehlte jede Zentralgewalt in den litauischen Gebieten. Erst nach dem Sieg in der «Eisschlacht bei Karussa» (Estland, 1270) gegen den Deutschen Orden gelang es dem Fürsten von Aukštaitija, Traidenis (1269–1282), die Oberherrschaft über die übrigen litauischen Fürsten zu erringen. Sie ging jedoch mit Traidenis' Tod 1282 wieder verloren.

Eine neue Einigungsbewegung ging vom Aukštaitija-Fürsten Vytenis aus, der seit 1293 die litauischen Fürsten unter seine Botmäßigkeit brachte und die durch die Mongolenherrschaft über die südwestlichen Teile der ehemaligen Rus' destabilisierten slavischen Fürstentümer an der Düna bis 1307 durch eine geschickte Heiratspolitik an sich band oder unterwarf. Sein Erbe übernahm Vytenis' jüngerer Bruder Gediminas (1316–1341). Unter seiner Herrschaft wurde Vilnius (poln. Wilno, russ. Vil'na) zur Hauptstadt Litauens. Er und sein Sohn Algirdas (1345–1377) erweiterten das Reich nach Südosten bis vor die Tore Moskaus und ans Schwarze Meer. Im Norden und Westen konnte sich ein anderer Sohn Gediminas', Kestutis (1341–1382), gegen das Vordringen des Deutschen Ordens in Livland und Preußen behaupten.

Eine Großmachtperiode wurde unter Jogaila (1377/86–1434) eingeleitet, als dieser 1385 Polen und Litauen in der Union von Kreva zusammenschloss, 1386 zum Christentum konvertierte und, vom polnischen und litauischen Adel gewählt, als Władisław II. Jagiełło den polnisch-litauischen Königsthron bestieg. Die Jagiellonen-Dynastie sollte bis 1572 bestehen. Die Union von Kreva, ein Lehnsverhältnis zwischen dem polnischen und dem litauischen Herrscher in Personalunion, zog eine Reihe weiterer, immer stabilerer Unionen (1401, 1413, 1432, 1499, 1501) zwischen den beiden Ländern nach sich, bis diese mit der Union von Lublin (1569) in eine Realunion mündeten. Der litauische Adel erhielt 1387 Privilegien nach Muster des polnischen Adels und wurde überwiegend katholisch. Jogailas Versuche, die beiden Reiche schon während seiner Regierungszeit zu einen, wurden von seinem Mitregenten Vytautas (1392–1430) erfolgreich vereitelt. In der Außenpolitik wirkten Jogaila und Vytautas jedoch zusammen. Nach dem Ende der litauischen Ostexpansion mit der Niederlage an der Vorskla (1399) sicherten sie in der Schlacht von Zalgiris/Tannenberg (1410) und Folgeschlachten bis 1422 die litauische Westgrenze dauerhaft gegen Vorstöße des Deutschen Ordens. Gleichzeitig verhalfen ihnen die Siege gegen den Orden und die Schwäche der Rus'-Fürstentümer zu einer einzigartigen Machtstellung: Das Unionskönigreich Polen-Litauen wurde während des 15. und 16. Jahrhunderts zum mächtigsten politischen Gebilde des östlichen Europa, wenn sich auch besonders der litauische Reichsteil unter den Vorstößen des Moskauer Großfürsten Ivan III. (1462–1505) seit 1494 auf dem Rückzug befand und die Ostgrenze nach der Eroberung Smolensks 1514 durch die Moskauer auf Dnepr und Soš zurückverlegen musste.

Die Expansion nach Süden und Osten brachte einen starken griechischrituellen Bevölkerungsanteil unter die Herrschaft der litauischen Fürsten, und zwar schon bevor diese das Christentum nach lateinischem Ritus annahmen. Die westkirchliche Christianisierung beschränkte sich zunächst auf die Fürsten und die heidnische Bevölkerung in den litauischen Gebieten und ließ die Bevölkerung in den früheren Herrschaftsgebieten der Rus' unbehelligt. Deshalb bedeutete Jogailas Konversion auch nicht den Übergang Litauens zum Christentum, sondern genauer: den Einbruch der Römischen Kirche in einen teils heidnischen, teils ostkirchlichen Raum. Der Römischen Kirche, dem Königreich Polen und dem Deutschen Orden als westkirchlichen Mächten eröffnete freilich Jogailas Übertritt zum Christentum Möglichkeiten zur Instrumentalisierung Litauens im Rahmen der westkirchlichen Mission und Einflusserweiterung. Dies rief jedoch gleichzeitig die Rus'-Fürstentümer und insbesondere Moskau auf den Plan, die sich nun zu Verteidigern der Interessen der griechischrituellen Bevölkerung aufwarfen. Eine lange Reihe von Konflikten war die Folge, die Litauen in der Zeit nach Vytautas' Tod trotz eines Rechtsausgleichs zwischen der katholischen und orthodoxen Bevölkerung innerhalb Litauens im Jahre 1434 eine Niedergangsperiode im Rahmen der Union mit Polen bescherte und Moskaus Aufstieg begünstigte.

Die Expansion und der zunehmende Kontakt mit den Nachbarreichen brachten sprachliche Veränderungen mit sich. Sowohl im polnischen als auch im litauischen Reichsteil avancierten neben dem Lateinischen vor allem slavische Idiome zu Hof-, Kanzlei- und Literatursprachen. Litauisch wurde von den litauischen Großfürsten und ihren Höfen zwar weiter gesprochen, besaß jedoch gegenüber dem Kanzleislavisch und dem Lateinischen eine untergeordnete Bedeutung. Mit dem Tod des Großfürsten Kazimierz IV. (1444–1492) verschwand das Litauische schließlich ganz aus der politischen Öffentlichkeit. Der litauische Adel, letzter Hort der litauischen Sprache in der Politik, ging dazu über, Slavisch zu schreiben.

Neben der litauischen und slavischen Bevölkerung lassen sich zu Beginn des 12. Jahrhunderts auch die ersten Juden in Litauen nachweisen. In größerer Zahl wanderten Juden jedoch erst seit der Mitte des 13. Jahrhunderts ein. Dieser Zustrom erreichte einen ersten Höhepunkt, als sich Ende des 14. Jahrhunderts die aus den westdeutschen und, Mitte des 15. Jahrhunderts, ostdeutschen Ländern vertriebenen Juden in den polnischen und litauischen Städten niederließen. Die nach westeuropäischen, vor allem österreichischen Vorbildern abgefassten Privilegien Bolesławs des Frommen (1264) und Kazimierz' III. (des Großen) (1334) regelten deren rechtlichen Status. Danach genossen sie den Schutz des Landesherrn, besaßen eine eigene Gerichtsbarkeit und weit reichende Selbstverwaltungs- und Handelsprivilegien. Sie arbeiteten im Kleinhandel, Geldverleih, Handwerk, als Pächter von Gasthäusern und Mühlen und als Verwalter der polnischen und litauischen Latifundien und Kammerknechte des Königs. Die Juden assimilierten sich sprachlich nicht an das Litauische oder Slavische, sondern entwickelten die aus deutschen, hebräischen und slavischen Elementen bestehende Verkehrssprache des Jiddischen. Die Prosperität der Juden in Litauen führte seit 1485 zu Spannungen zwischen ihnen und der christlichen Bevölkerung. 1495 ließ König Jan Olbracht (Johann I. Albrecht, 1492–1501) die Juden per Dekret aus dem gesamten litauischen Herrschaftsbereich ausweisen und zog ihr Vermögen ein. Sein Nachfolger, Alexander (1501–1506), hob den Ausweisungsbeschluss jedoch wieder auf, weil er die Juden als Finanziers im bevorstehenden Krieg gegen Ivan III. (1503) brauchte. Ihr eingezogenes Vermögen erhielten die Juden dabei vom polnischen und litauischen Adel zurück, vom König jedoch nicht.

Die Etablierung der Juden in Polen-Litauen war u. a. ein Symptom für die wachsende Produktion und den Handel der Städte. Der größte Teil der Bevölkerung des mittelalterlichen Litauen lebte zwar auf dem Land. Im 15. Jahrhundert jedoch nahm das Städtewesen einen bedeutenden Aufschwung. Vilnius hatte bereits 1387 Magdeburgisches Stadtrecht erhalten. Kaunas (poln. Kowno, russ. Kovno) folgte 1408, Neu-Trakai 1431. In Kaunas lässt sich überdies seit 1445 ein Kontor, in Vilnius für das 15. Jahrhundert eine Faktorei der Hanse nachweisen. Kleinere Landstädte ergänzten das soziökonomische Bild Litauens, das am Ende des Mittelalters demjenigen anderer ostmitteleuropäischer Gebiete immer mehr zu gleichen begann.

IV. Frühe Neuzeit (16.–18. Jahrhundert)

Das Auseinanderbrechen der livländischen Konföderation hinterließ ein Machtvakuum, in das in der frühen Neuzeit (16.–18. Jahrhundert) die Königreiche Dänemark, Polen-Litauen, Schweden und das Moskauer Großfürstentum hineinstießen. Während Dänemark im Kampf um das altlivländische Erbe räumlich und zeitlich nur sehr begrenzt mitwirken konnte, erwiesen sich Polen und Schweden im 16. und 17. Jahrhundert als dominierende Mächte. Erst im 18. Jahrhundert übernahm das Kaiserreich Russland die Vormachtstellung in den baltischen Ländern.

1. Das Herzogtum Kurland (1561–1795)

Als einziges Territorium der livländischen Konföderation erlangte Kurland nach dem Zusammenbruch der livländischen Herrschaft unter dem letzten livländischen Ordensmeister Gotthard Kettler eine relative Unabhängigkeit. Gemäß den zwischen dem Ordensmeister und dem König von Polen, Zygmunt II. August (1548–1572), abgeschlossenen *Pacta subiectionis* (1561) entstand ein Herzogtum Kurland und Semgallen mit Kettler als Herzog unter der Oberhoheit des Königs von Polen. Diese zunächst nur auf der persönlichen Unterwerfung Kettlers unter Zygmunt II. August beruhende Übereinkunft erhielt 1569, als Kurland in den Unionsvertrag zwischen Polen und Litauen einbezogen wurde, eine staatsrechtliche Fundierung. Die *Pacta subiectionis* sicherten den kurländischen Ständen das Privileg der freien Religionsausübung nach dem Augsburger Bekenntnis, eine deutsche Obrigkeit, die Gültigkeit deutschen Rechts und ein strenges Indigenatsrecht, d. h. die ausschließliche Besetzung hoher Staatsämter mit einheimischen Adligen. Die territoriale Arrondierung des Herzogtums allerdings bereitete Schwierigkeiten. Schloss Bauske, das der Erzbischof von Riga zum Nießbrauch besaß, und das an Preußen verpfändete Schloss und Gebiet Grobin waren noch auszulösen. Und das im Besitz Herzog Magnus' von Holstein (* 1540, † 1583) befindliche Bistum Kurland (Stift Pilten, lett. Piltene) sollte gemäß den *Pacta subiectionis* gegen die in Estland gelegenen Ämter Leal und Hapsal (estn. Haapsalu) sowie Schloss Sonnenburg eingetauscht werden. Diese Fragen wurden erst um die Mitte des 17. Jahrhunderts gelöst.

Das 17. Jahrhundert war vor allem durch einen Konflikt zwischen dem nach absolutistischer Herrschaft strebenden Herzog und dem kurländischen Adel bestimmt. Die kurländischen Herzöge folgten dem Muster des europäischen Absolutismus, indem sie die mittelalterliche Ständeordnung unterliefen, eine staatlich gelenkte Wirtschafts- und Finanzpolitik betrieben und die Allianz mit den nichtadligen Bevölkerungsgruppen suchten. Dieser Prozess setzte ein, als es Herzog Friedrich Kettler (1587–1641) 1617 gelang, die Städte von den Landtagen auszuschließen. Der Adel erhielt mit dem *Privilegium Gotthardinum* von 1670 zwar weitreichende Hoheitsrechte auf seinen Gütern. Gleichzeitig aber versuchte das Herrscherhaus, den Dualismus zwischen Herzog und Adel zu seinen Gunsten zu verschieben. Um die Beschränkungen der herzoglichen Macht durch den Adel aufzubrechen, verwandelte Herzog Jakob Kettler (1642–1681) – der Schwager des «Großen Kurfürsten» Friedrich Wilhelm von Brandenburg (1640–1688) – die kurländische Ritterschaft mit der Einführung einer strikten Rangordnung und klaren Beförderungsbestimmungen von einem dem Herzog frei gegenüberstehenden Geblüts- in einen dem Herzog hörigen Dienstadel.

Zudem war er bemüht, die eigenen Machtansprüche durch eine merkantilistische Handels- und Kolonialpolitik zu untermauern. Herzog Jakob ließ zahlreiche Manufakturen für Textilien und Luxuswaren einrichten. Vom Produktionsertrag sicherte sich die Krone einen erklecklichen Teil durch Steuern. Eine weitere wichtige Einnahmequelle war der Außenhandel, der hauptsächlich über Windau (lett. Ventspils), zu einem kleineren Teil auch über Libau (lett. Liepāja) ging. Um ihn zu weiter zu fördern, ließ Herzog Jakob in den 1640er Jahren die kurländische Handelsflotte nach niederländischen Vorbildern erheblich vergrößern. Mit diesem Instrument wurde Kurland nicht nur zu einer kleineren Seehandelsmacht, sondern reihte sich auch in den Kreis der Kolonialstaaten ein. 1651 gründete Herzog Jakob die erste europäische Kolonie in Gambia, Afrika, und 1654 die Kolonie Neu Kurland auf Tobago. Diese Erfolge konnten von Jakobs Sohn, Herzog Friedrich Kasimir (1682–1698), nur teilweise abgesichert werden. Dies lag vor allem am mangelhaften militärischen Schutz des Herzogtums, der einerseits durch Querelen zwischen Herzog und Adel über das adlige Aufgebot, andererseits dadurch bedingt war, dass sowohl im Herzogtum als auch in Polen-Litauen die für die absolutistischen Staaten der Zeit typischen und notwendigen Militärreformen, vor allem ein stehendes Heer, ausblieben und durch Söldner kaum ausgeglichen werden konnten. Einer der Auslöser für den wirtschaftlichen Niedergang Kurlands war der Nordische Krieg zwischen Moskau, Polen-Litauen und Schweden (1654–1667) um die ostbaltischen Handelsplätze – die «schwedische Sintflut» (poln. *potop szwedzki*) –, der Kurland den Verlust Neu-Kurlands an die Niederländer (1659) und Gambias an Großbritannien (1661) einbrachte und die wirtschaftspolitischen Errungenschaften Herzog Jakobs insgesamt gefährdete. Friedrich Kasimir setzte zwar die Politik seines Vaters fort, konnte aber an die früheren Erfolge nicht mehr anknüpfen und band einen Großteil des herzoglichen Vermögens in kostspieligen Repräsentationsbauten.

Nachdem Russland zu Beginn des 18. Jahrhunderts die Herrschaft über das Ostbaltikum errungen hatte, geriet Kurland, wie Polen-Litauen insgesamt, in eine außenpolitische Abhängigkeit vom Zarenreich. Im Innern verschoben durch die Politik Russlands gegenüber Kurland hervorgerufene dynastische Krisen und Interregna in den 1740er und 1750er Jahren das politische Schwergewicht zugunsten des Adels. Insgesamt war deshalb das 18. Jahrhundert für Kurland eine Zeit des politischen Niedergangs, der sich in der Außenpolitik durch zunehmende Interventionen ausländischer Mächte, besonders Russlands, und im Inneren u. a. durch die Zunahme des schon im 16. und 17. Jahrhundert vorhandenen, jetzt aber offen zu Tage tretenden Antijudaismus zeigte. 1795 gelangte Kurland im Zuge der Dritten Teilung Polens unter russische Herrschaft, wo es bis 1917 eine der drei privilegierten «Ostseeprovinzen» bildete.

2. Die polnisch-litauische, schwedische und dänische Herrschaft über die livländischen Lande (1561–1629/45)

Während also Kurland in der frühen Neuzeit eine relative Eigenständigkeit bewahren konnte, blieben die restlichen livländischen Territorien ein zentrales Problem der Ostseemächte im Kampf um das *Dominium maris Baltici*.

Die Kriege um Livland (1558–1584): Nach dem Auseinanderbrechen der livländischen Konföderation wurden deren Territorien unter Polen-Litauen, Dänemark und Schweden aufgeteilt. Dem Moskauer Großfürstentum gelang es zwar während des Livländischen Krieges (1558–1584) immer wieder, einzelne Territorien zu besetzen; eine dauerhafte Herrschaft über diese oder andere Territorien der ehemaligen Konföderation konnte es jedoch aufgrund seiner außenpolitischen Isolation nicht errichten. Schließlich brachten die Moskauer Friedensschlüsse mit Polen in Jam Zapol'skij (1582) und mit Schweden an der Pljussa (1583) eine vorläufige Konsolidierung der territorialen Verhältnisse. Gegenüber Polen verzichtete Moskau auf die südlichen Territorien der ehemaligen livländischen Könferation und auf Polock, gegenüber Schweden auf die estländischen Territorien und auf die ingermanländischen Festungen Jam, Kopor'e und Ivangorod. Ein erneuter Krieg mit Schweden, der Ingermanländische Krieg (1610–1617), endete mit einer weiteren schweren Niederlage Moskaus. Im Frieden zu Stolbovo (1617) trat Moskau Ingermanland und Ladoga-Karelien (Kexholms län) an Schweden ab und verlor damit endgültig jeglichen Zugang zur Ostsee. Während der erste Krieg zwischen Schweden und Polen um Livland (1563–1568) nach und nach eingeschlafen war, endete der u. a. von dem dynastischen Konflikt zwischen dem schwedischen und dem polnischen Zweig des Hauses Wasa überschattete zweite schwedisch-polnische Krieg (1600–1629) mit dem Waffenstillstand von Altmark (1629), der den größten Teil der von Polen-Litauen beherrschten Territorien Livlands unter schwedische Herrschaft brachte.

Livland unter polnisch-litauischer Herrschaft (1561–1629/ 1795): 1561 hatten sich die livländischen Stände dem König von Polen und Litauen unterworfen und Verträge mit ihm abgeschlossen. Der Unterwerfungsvertrag (*Pacta subiectionis*) und das Privilegienkorpus für die Ritterschaft (*Privilegium Sigismundi Augusti*) vom 28. November 1561 bildeten das Fundament des Treuebündnisses auf Gegenseitigkeit zwischen Krone und Landständen. Unter anderem wurde den Einwohnern Livlands die Glaubensfreiheit nach dem Augsburger Bekenntnis (1530) garantiert. Außerdem durften sie die traditionelle deutsche Rechtsprechung und Verwaltung, ausgeübt von deutschen Amtsträgern (*Indigenat*), beibehalten. Die livländische Ritterschaft wurde allerdings 1566 der litauischen inkorporiert und verschmolz drei Jahre später anlässlich des polnisch-litauischen Unionsschlusses zu Lublin (1569) mit dem Reichsadel. Als jedoch 1572 der letzte Jagiellonenkönig ohne Thronerben starb und der neue, nunmehr gewählte König Stephan Báthory (1575–1586) an die Macht kam, weigerte sich dieser, das *Privilegium Sigismundi Augusti* zu konfirmieren. Stattdessen erließ er neue Statuten für die livländische Ritterschaft, die *Constitutiones Livoniae* (1582), die keine besonderen Privilegien vorsahen und in denen die Augsburger Konfession und das Indigenat nur noch geduldet wurden, aber kein verbrieftes Recht mehr darstellten. Die Verwaltungs- und Rechtsprechungstradition wurde gebrochen, indem die Krone königliche Verwaltungs- und Rechtsbezirke (Woiwodschaften) schuf, königliche Bedienstete einsetzte und die deutsche Kanzleisprache durch die polnische ersetzte. Eine Tendenz zum königlichen Absolutismus, bedingt durch die gefährdete Stellung des Königs infolge der Wahlmonarchie, löste den früheren Dualismus zwischen König und Adel (*monarchia mixta*) mehr und mehr ab.

Die Stadt Riga (lett. Rīga) konnte im Gegensatz zu den anderen livländischen Territorien noch eine Weile dem Druck der Nachbarmächte standhalten. Erst 1581, nachdem sie vergeblich auf Hilfe aus dem Heiligen Römischen Reich und von den Hansestädten gehofft hatte, unterwarf sie sich der Krone Polen-Litauens. In einem Treuevertrag auf Gegenseitigkeit, in Drohiczyn am 14. Januar 1581 geschlossen, garantierte König Stephan Báthory im *Corpus Privilegiorum Stephaneum* die Privilegien der Stadt, die am 16. November des gleichen Jahres vom polnisch-litauischen Reichstag (poln. *Sejm*) bestätigt wurden. Das *Corpus Privilegiorum* schränkte die Autonomierechte der Stadt stärker ein als zuvor. Nun wurde ein königlicher Dienstmann aus den Reihen der Bürgermeister, der sog. Burggraf, dem städtischen Rat zur Seite gestellt. Änderungen in den städtischen Statuten durften nur mit Zustimmung der Krone erfolgen. Das Augsburgische Bekenntnis wurde nur noch geduldet. Eingriffen der Krone in die konfessionellen Angelegenheiten stand die Stadt weitgehend machtlos gegenüber.

Die Einschränkungen der Rechte des livländischen Adels und der Stadt Riga verweisen nicht nur auf die prekäre Stellung des Wahlkönigtums in Polen-Litauen, sondern auch auf die Macht seines stärksten Alliierten, der Katholischen Kirche. Vor allem der seit 1565 in Polen ansässige und von Polen und Italienern dominierte Jesuitenorden besaß einen starken Einfluss auf die polnisch-litauische Krone. Die Römische Kurie kämpfte um ihren Einfluss in Nordosteuropa und erblickte in den nunmehr von der polnisch-litauischen Krone beherrschten Gebieten der ehemaligen livländischen Konföderation einen wichtigen Brückenkopf zur Bekämpfung des schwedischen Luthertums und der Moskauer Orthodoxen Kirche. Auf Weisung des Königs wurden städtische lutherische Kirchen den Katholiken überschrieben, Staatsämter an Katholiken vergeben und 1566 Jesuitenkollegien in Dorpat (estn. Tartu) und Riga und ein katholisches Bistum in Wenden eingerichtet. Bald erschienen Katechismen und katholische Bekenntnisschriften in estnischer, lettischer und russischer Sprache. Gleichzeitig verbot der König die lutherische Predigt in diesen Sprachen, überschrieb Zolleinnahmen an katholische

Bistümer, zog Güter protestantischer Gutsbesitzer ein und schenkte sie der Katholischen Kirche. Auch Kolonisten aus katholischen Ländern ließ der König anwerben – allerdings mit geringem Erfolg. Die Protestanten wurden nur noch geduldet, der Adel und das Bürgertum den Interessen der Krone und der Katholischen Kirche untergeordnet.

Von der ansonsten sprichwörtlichen Toleranz Polen-Litauens in der zweiten Hälfte des 16. Jahrhunderts war in Livland wenig zu spüren. Hier tobte ein Kirchenkampf, der von beiden Seiten, Katholiken wie Protestanten, mit aller Härte geführt wurde. Der Widerstand der Bürger Rigas und Dorpats eskalierte in den Jahren 1584 bis 1591 und führte zu Übergriffen gegen die Jesuiten, während gleichzeitig die Gegenreformation in immer neuer Gestalt Erfolge feierte. Als nach dem zweiten polnisch-schwedischen Krieg (1600–1629) mit dem Waffenstillstand zu Altmark (1629) ein Teil der polnisch-livländischen Territorien an Schweden überging, konnte die schwedische Krone auf die volle Unterstützung der schwer bedrängten protestantischen Ritter- und Bürgerschaft zählen. Und die noch immer halb heidnischen Bauern waren von der Gegenreformation zu schwach erfasst worden, um im schwedischen Luthertum einen Freund oder Feind erkennen zu können.

Der Waffenstillstand zu Altmark, der das polnisch beherrschte Livland vorerst nur für sechs Jahre unter schwedische Kontrolle brachte, sollte Livlands Schicksal als schwedische Provinz besiegeln. Im polnisch-schwedischen Waffenstillstand zu Stuhmsdorf (1635) wurde die schwedische Herrschaft über Livland bestätigt und verlängert, im Frieden von Oliva (1660) europäisch abgesichert. Nur der östlichste Teil Livlands, Lettgallen, verblieb unter polnischer Oberherrschaft, bis er mit der dritten Teilung Polen-Litauens (1795) unter russische Herrschaft kam.

Trotz der massiven Katholisierungspolitik der Monarchie blieb die Sozialstruktur Lettgallens (adliger Gutsbesitz, Leibeigenschaft) im 17. und 18. Jahrhundert erhalten. Wie in Kurland und Schwedisch-Livland nahm die Leibeigenschaft allerdings rasch zu. Darauf reagierten die Bauern mit Flucht nach

Russland und Litauen. In der zweiten Hälfte des 17. Jahrhunderts prosperierten die Städte entlang der Düna durch ein gestiegenes Handelsaufkommen. Dieser Aufschwung erlitt erst durch den Großen Nordischen Krieg (1700–1721) einen massiven Einbruch. Die bis ins 18. Jahrhundert weiter laufenden Katholisierungsmaßnahmen griffen, wie neuere Quellenstudien zeigen, nicht überall mit gleichem Erfolg. Besonders an der Grenze zu Schwedisch-Livland konnte sich ein guter Teil der lutherischen Kirchspiele halten.

Estland unter schwedischer Herrschaft (1561–1629): Während des Livländischen Krieges hatte Dänemark unter Friedrich II. (1559–1588) die Bistümer Ösel und Kurland gekauft und seinen Bruder Magnus von Holstein 1660 zum Bischof von Ösel eingesetzt. Um eine dänische Machterweiterung im ostbaltischen Raum zu verhindern, griff Schweden in den Livländischen Krieg ein. 1561 unterstellten sich die Stadt Reval (estn. Tallinn) und die Harrisch-Wierische Ritterschaft freiwillig der schwedischen Krone. Die kleineren Städte im nördlichen Altlivland hingegen wurden während des Jahres 1561 von schwedischen Truppen erobert. 1581 fiel Schweden außerdem die westlich der Stadt Reval gelegene Landschaft Wiek in die Hände. Die Stadt Reval und die Harrisch-Wierische Ritterschaft erhielten eine Bestätigung ihrer Privilegien, die Ritterschaft der Wiek immerhin die Möglichkeit, förmlich um die Bestätigung ihrer Privilegien anzuhalten. Die kleineren estländischen Städte konnten jedoch für ihre Stadtrechte keine königliche Konfirmation erhalten und wurden zu abhängigen Landstädten.

Diese und einige andere Gebiets- und Personenkörperschaften fasste die Krone 1584 zu einem mit Schweden in Personalunion verbundenen «Fürstentum oder Herzogtum Ehsten» zusammen, in dem sich der schwedische Monarch als Herzog von Estland und die aus der harrisch-wierischen und jerwischen hervorgegangene und 1584 vereinigte Ritterschaft Estlands in einem dualistischen Herrschaftsverhältnis (*monarchia mixta*) gegenüberstanden. Administrativ wurde das Herzogtum als eigenständige Statthalterschaft in das schwedische Gesamtreich miteinbezogen. Die administrative Binnengliederung, die Schweden nach 1561 in Estland einführte, orientierte sich jedoch an derjenigen der Ordenszeit.

Obwohl die Ständeautonomie gewahrt wurde, blieb das Verhältnis der Stände zur schwedischen Krone aufgrund des von 1561 bis 1629 fast permanenten Kriegszustandes zwischen Schweden, Moskau und Polen (seit 1569: Polen-Litauen) kritisch. Die schwedischen Könige beobachteten die estländischen Stände mit großem Misstrauen. Reval litt unter vertragswidrigen Zollauflagen, Einquartierungen und Flüchtlingen. Der Ritterschaft, die sich für die Härten des Krieges an ihren Hintersassen schadlos zu halten suchte, untersagte Erik XIV. (1560–1568) das in Schweden unbekannte «Quästen» (harte Fronarbeit) der Bauern. Die Bauern selbst litten unter Hunger, Seuchen, Verheerungen, Verschleppungen und Todesfällen und flohen in die Städte oder in die Nachbarterritorien. Dass die schwedische Krone versuchte, die Bevölkerungsverluste durch die Ansiedlung von Finnen in der Wiek auszugleichen, stieß zwar nicht auf den manifesten Widerstand der lokalen Bevölkerung, wurde aber mit Misstrauen quittiert. Gleichzeitig spielten die Stände die außenpolitische Karte und lavierten in Verhandlungen mit der Krone zwischen der Ausweitung ihrer Privilegien und der Aufkündigung der Treue zum Landesherrn zugunsten der Krone Polen-Litauens. Diesem Jonglieren mit den Großmächten bereitete jedoch Gustav II. Adolf (1611–1632) in den 1610er und 1620er Jahren durch eine rasche Folge von Siegen gegen Moskau und Polen-Litauen ein jähes Ende. 1617 schloss Schweden mit Moskau in Stolbovo einen Frieden, der die territorialen Besitzungen Schwedens im ehemals livländischen Gebiet garantierte. Mit der Krone Polen-Litauens erreichte Schweden 1629 den bereits erwähnten Waffenstillstand zu Altmark, der die livländischen Territorien erneut teilte. Polen-Litauen trat die Gebiete westlich der Evst an Schweden ab und behielt ein Rumpfterritorium, das in der historischen Literatur als Polnisch-Livland (Inflanty) oder Lettgallen bekannt ist.

Ösel und Pilten unter dänischer Herrschaft (1559/84–1645):

Die Stände der Insel Ösel (estn. Saaremaa) und das Stift Pilten (lett. Piltene) hatten sich 1559 Dänemark unterstellt. Der festländische Teil des früheren Stiftsgebietes ging jedoch 1563 an Schweden verloren. 1581 eroberte Schweden die Wiek endgültig. Hinter dem Schutzwall der schwedischen Besitzungen in Estland erlebte Ösel unter dänischer Herrschaft eine lange Friedensperiode, vor allem unter König Christian IV. (1588–1648). 1563 erhielt Arensburg (estn. Kurressaare) das Stadtrecht nach rigischem Vorbild. Ansonsten bewahrten die dänischen Könige die wirtschaftliche, soziale und politische Verfassung Ösels. Der dänische Statthalter war ein Mitglied der öselschen Ritterschaft. Auf eine Einziehung der Kirchengüter des ehemaligen Stiftes Pilten nach Einführung der Reformation verzichtete die dänische Krone aufgrund des ritterschaftlichen Widerstandes. Die Bevölkerung von Ösel dankte Christian IV. die Wahrung der ständischen Autonomie durch uneingeschränkte Loyalität. Der Versuch Schwedens, während des sog. Kalmarkrieges (1611–1613) Ritterschaft und Bauern von Ösel gegen ihre dänischen Oberherren aufzuhetzen, blieb Episode. Erst der für Dänemark mit einer Niederlage endende schwedisch-dänische Krieg 1643–1645 brachte Ösel mit dem Frieden von Brömsebro (1645) unter schwedische Herrschaft.

3. Estland, Ösel und Livland unter schwedischer Herrschaft (1629/45–1710/21)

Während Estland kaum unter Veränderungen im Verhältnis zur schwedischen Krone zu leiden hatte, erlebte das von Schweden eroberte Livland im 17. Jahrhundert unter formaler Wahrung der ständischen Rechte mehrere Versuche der Schwedisierung auf rechtlichem, administrativem, wirtschaftlichem (Güter-«Reduktion») und kirchlich-kulturellem Gebiet, die jedoch nur teilweise erfolgreich verliefen. Kennzeichnend für diese Periode ist der Konflikt zwischen der schwedischen Krone und den livländischen Ständen, wobei der Adel und das Bürgertum der Krone eher kritisch gegenüberstanden, während der Klerus sie größtenteils unterstützte.

Während die Rechte der Ritterschaften von Estland, Livland und Ösel, die weitgehend auf den Privilegien älterer Zeiten basierten, sich erst in den 1680er Jahren zu wandeln begannen, erlebten die Ritterschaften während des 17. Jahrhunderts einen erheblichen Wandel ihrer Sozialstruktur. Durch die Donationen (Gütervergaben) der schwedischen Krone und zahlreiche Nobilitierungen wurden immer mehr schwedische, aber auch deutsche und französische Adelsfamilien in den Adel der Ostseeprovinzen immatrikuliert. In sozialer Hinsicht bedeutete die Donationspolitik, dass ein immer größerer Teil des Bodens in den Ostseeprovinzen unter die Gutsherrschaft des Provinzialadels geriet und die Leibeigenschaft der estnischen und lettischen Bauern mit ihren für den Staat ungünstigen ökonomischen, sozialen und militärpolitischen Folgen auf den Gütern um sich griff. Um die Verfügungsgewalt über die Donationsbauern in Estland und Livland zurückzugewinnen, versuchte der schwedische Staat seit 1655 eine Güterreduktion, d.h. eine Rückführung donierter Güter an die schwedische Krone zu erreichen. Die Arbeit an diesem Projekt zog sich jedoch jahrzehntelang hin. In den 1680er Jahren brach der Konflikt zwischen der schwedischen Regierung und den Landtagen in Estland und Livland über die Reduktionsfrage offen aus, denn der ansässige Adel hatte natürlich kein Interesse daran, einen beträchtlichen Teil seines Gutslandes an die schwedische Krone zurückzugeben. In Livland eskalierte der Konflikt bis zur Auflösung des livländischen Landtags (1693) auf Befehl Karls XI. (1672–1697). Hintergrund dieser Maßnahme war die Tatsache, dass die schwedische Krone in Livland nicht nur die unter schwedischer Herrschaft donierten, sondern darüber hinaus weitere Ländereien aus vorschwedischer Zeit forderte. Dies war in Estland nicht der Fall. Hier beschränkte sich die Krone – weil es sich bei Estland nicht um eine eroberte, sondern eine freiwillig unter schwedische Oberherrschaft gekommene Provinz handelte – auf die Rückforderung der unter schwedischer Herrschaft donierten Güter.

Die Reduktion überführte mehr als fünf Sechstel des adligen Grundbesitzes in Livland – in Estland weit weniger – an die schwedische Krone. Dies hatte schwerwiegende soziale Folgen sowohl für den Provinzialadel als auch für die Bauern und die Geistlichkeit. Mit dem Verlust seiner Güter büßte der estländische und livländische Adel administrative, judikative und finanzielle Rechte über den Gutsbesitz ein, die die schwedische Krone nun für sich in Anspruch nehmen konnte. Gleichzeitig war der Provinzialadel aufgrund seiner stark beschnittenen wirtschaftlichen Basis gezwungen, in den Staatsdienst einzutreten, wollte er seinen sozialen Status halten. Auf diese Weise wandelte er sich durch eine güterpolitische Maßnahme zum Dienstadel des schwedischen Staates und näherte sich damit der Rechtsposition des schwedischen Reichsadels. Gleichzeitig vollzog die Krone mit der Reduktion die «Abwickelung des Lehnswesens» (Loit) und die Durchsetzung des Absolutismus in den Provinzen.

Mit der Güterreduktion änderte sich auch die Rechtssituation der Bauern. Soweit es sich um Domänenbauern handelte, waren sie nun nicht mehr Leibeigene des ansässigen Adels, sondern persönlich freie Untertanen des schwedischen Königs. Sie erhielten das Recht, ihre Höfe mit Bleibegarantie zu bewirtschaften und das Recht auf Bodennutzung zu vererben. Außerdem konnten sie eine ungerechte Behandlung durch die königlichen Amtsträger oder Pächter bei den staatlichen Justizbehörden einklagen. Dieses Recht wurde von den estländischen und livländischen Bauern seit den 1680er Jahren ausgiebig genutzt. Die positiven Folgen bestanden in der Milderung der Strafen gegen die Bauern. Darüber hinaus erfuhren diese eine soziale und ökonomische Aufwertung gegenüber dem ansässigen Adel.

Auch ein großer Teil der Feudalgeistlichkeit kam nun unter die direkte Herrschaft der schwedischen Krone. Dies erleichterte die bereits erwähnte rechtliche Assimilation der Provinzial- an die Reichsgeistlichkeit im Rahmen eines zwischen dem Kernreich und den Provinzen koordinierten Landeskirchentums. In sozioökonomischer Hinsicht bedeutete die Güterreduktion für die Provinzialgeistlichkeit zudem eine Eingliederung in das kirchliche Versorgungssystem des Reiches.

Die Aufwertung der Bauern und Geistlichen im politischen Gefüge der Provinzen zielte allerdings auf die rationale Nutzung menschlicher Potenziale für den Staat. Freie Bauern konnten als Steuerzahler, Rekruten, niedere Beamte und Handwerker in den königlichen Manufakturen genutzt werden. Die Geistlichkeit diente als Legitimations- und Disziplinierungsinstrument der Krone gegenüber der Provinzialbevölkerung. Durch ihre aufgewertete Position entwickelte die Geistlichkeit allerdings auch ein neues Selbstbewusstsein. Sie sah sich nun nicht mehr allein als ausführendes Organ der Staatsgewalt in der Provinz, sondern auch als Fürsprecher der lokalen Bevölkerung gegenüber der Krone. Ihre verstärkten Bemühungen um eine estnische und lettische Schriftsprache an der Wende vom 17. zum 18. Jahrhundert sind in diesen Rahmen einzuordnen.

Parallel zum Ständeausgleich auf dem Land betrieb der schwedische Staat in den Städten eine merkantilistische Wirtschaftspolitik, die in letzter Konsequenz auf die Abschöpfung der städtischen Handelsgewinne in Form von Zöllen und Steuern gerichtet war. Damit schwand die Autonomie – und die Wirtschaftskraft – der estländischen und livländischen Städte während des 17. Jahrhunderts erheblich. Der schwedische Zentralstaat musste darauf achten, dass er die Städte nicht zu sehr schröpfte, um mit seiner Wirtschaftspolitik nicht kontraproduktive Ergebnisse zu erzielen. In das innerstädtische Gefüge griff die schwedische Regierung dagegen kaum ein.

Das Instrument zur Durchsetzung der schwedischen Stände- und Wirtschaftspolitik war die königliche Provinzialverwaltung. Sie agierte auf der obersten Ebene der Landes- und Stadtverwaltung zwar nur als repräsentative Instanz der Krone gegenüber den Ständen, besaß jedoch zahlreiche Veto- und Schiedsrechte, die effektive Eingriffe in die sozioökonomische Struktur der Provinzen ermöglichten.

Die wachsende Opposition des Provinzialadels gegen die Stände- und Wirtschaftspolitik der schwedischen Krone und der unerwartete Regierungsantritt eines in den Augen der Nachbarmächte unerfahrenen jungen Königs (Karls XII.) im Jahre 1697 stürzten das schwedische Regierungssystem in den Provinzen in eine Krise, von der sich die Ostseegroßmacht nicht mehr erholen sollte. Dänemark, Sachsen und Russland sahen jetzt eine Chance, die «livländische Frage», die zwischen den beteiligten

Mächten seit der Mitte des 16. Jahrhunderts im Raum stand, neu aufzurollen und eine militärische Allianz gegen Schweden zu schließen. U. a. die subversive Koalition eines Teils des livländischen Adels unter Johann Reinhold Patkul (* 1660, † 1707) mit der antischwedischen Allianz ermöglichte den Ausbruch des Großen Nordischen Krieges (1700–1721), der sich bald zu einem europäischen Krieg ausweitete und Schweden letztendlich von der Liste der europäischen Großmächte tilgte. Die schwedischen Ostseeprovinzen wurden 1710 von russischen Truppen besetzt. Die Ritterschaften und die Städte Reval und Riga mussten «Capitulationen» (1710/11) unterzeichnen, die die Ostseeprovinzen zu einem Teil des Moskauer Reiches machten, den Ständen aber gleichzeitig – um einem Rückfall nach Schweden vorzubeugen – auch zahlreiche Vergünstigungen und Privilegienerweiterungen brachten.

4. Estland, Ösel und Livland unter der Herrschaft Russlands im 18. Jahrhundert

Nach dem Großen Nordischen Krieg (1700–1721) wurden Estland, Ösel und Livland im Frieden zu Nystad 1721 Russland zugesprochen. Doch verfügte das kaiserliche Russland über weite Strecken des 18. Jahrhunderts weder über die politischen, administrativen, juristischen oder finanziellen Ressourcen noch über die notwendige Sachkenntnis, um die Ostseeprovinzen den zentralstaatlichen Interessen im gleichen Maße zu unterwerfen wie Schweden. Nach anfänglichen Experimenten mit der Territorialverwaltung übernahm die russische Regierung im Wesentlichen die unter Schweden entstandenen Verwaltungseinheiten (gubernijas/Gouvernements Estland und Livland). Nur das Gebiet um Narva wurden den innerrussischen Gouvernements zugeschlagen. Die Ritterschaften in Est- und Livland erhielten eine weitgehende Selbstverwaltung innerhalb der Provinzen. Die administrative Verbindung zwischen den Provinzen und St. Petersburg stellte die russische Regierung über das Amt eines Gouverneurs her, das in der ersten Hälfte fast ausschließlich mit Mitgliedern der est- und livländischen Ritterschaften, später auch mit russischen hohen Verwaltungsbeamten und Militärs besetzt wurde. Bis 1786 besaßen die Ritterschaften mit dem «Justizkollegium der liv-, est- und finnländischen Angelegenheiten» außerdem eine politische Vertretung in der russländischen Hauptstadt. Auch sonst waren die Mitglieder der Ritterschaften auf fast allen höheren Amts- und Militärebenen des Russländischen Reiches präsent. Die wiedergewonnene starke Stellung des Provinzialadels hatte Folgen für deren ständisches und wirtschaftliches Gefüge. Der Gutsadel erhielt seine von der schwedischen Krone reduzierten Güter von der St. Petersburger Regierung nach und nach zurück, um nach den Verwüstungen des Krieges leidlich, aber standesgemäß existieren zu können. Zahlreiche Geistliche und Bauern gerieten damit erneut in die Gutsuntertänigkeit. Während die Entwicklung die Bauern immer stärker benachteiligte, blieben die Bauerngesetze aus der schwedischen Zeit jedoch in Kraft. Es waren dieser Widerspruch und die Ideen der Aufklärung, die um die Mitte des 18. Jahrhunderts den Widerstand der Geistlichkeit, des Bürgertums, der kaiserlichen Regierung, aber auch einzelner adliger Gutsbesitzer in den Ostseeprovinzen gegen die Leibeigenschaft auf den Plan rufen sollten. Auch die Ostseestädte erholten sich nur langsam von den Folgen des Krieges – und dies umso schleppender, als die neue Hauptstadt des Reiches, St. Petersburg, einen Großteil des Fernhandels nun an sich band und den Handel der liv- und estländischen Städte schmälerte. Die Kirchen litten vor allem an einem eklatanten Mangel an Geistlichen. Dieser konnte durch den Zuzug von reichsdeutschen Pastoren zwar im Laufe der Zeit behoben werden. Aber zunächst fehlten mit den Pastoren die geistliche Betreuung der ländlichen und städtischen Bevölkerung und jegliches geistiges Leben, was durch die das gesamte 18. Jahrhundert hindurch verschleppte Wiedereröffnung der unter Schweden gegründeten Universität Dorpat (1632) noch verschärft wurde.

Erst unter Katharina II. (1762–1796) schuf die Regierung die administrativen und juristischen Voraussetzungen, um eine effektive Integrationspolitik auf schwedischem Niveau zu betreiben. Instrumente waren einerseits die Generalgouverneure in den Ostseeprovinzen, andererseits die unbesitzliche, aber einflussreiche Schicht von «Literaten» (Pastoren, Lehrer u. a.), die – ohne Verankerung in der altständischen Ordnung der Provinzen – die aufklärerischen Ideen der Kaiserin unterstützten.

Von den Reformen betroffen waren insbesondere der Adel, die Städte und die Bauern. Die Geistlichkeit wurde von ihnen kaum berührt. Seit Mitte der 1760er Jahre bemühte sich Katharina II. um eine Bestandsaufnahme des Reiches, die Russland besser regierbar machen sollte. Die Schlussfolgerungen, die sie daraus zog, ähnelten der schwedischen Herrschaftsauffassung im letzten Drittel des 17. Jahrhunderts: Sie erstrebte eine Vereinheitlichung der Rechte und der Verwaltung der verschiedenen sozialen Gruppen des Reiches, um die vorhandenen menschlichen Ressourcen besser für den Aufbau des Staates nutzen zu können. Die Verwirklichung dieses Zieles ließ wegen der außenpolitischen Probleme des Kaiserreiches (russisch-türkischer Krieg 1768–1774, russisch-schwedischer Krieg 1788–1790) zunächst auf sich warten. In den 1780er Jahren waren die Vorarbeiten jedoch so weit gediehen, dass auch die Ostseeprovinzen in die reichsweite, an west- und nordeuropäischen Vorbildern geschulte Vereinheitlichungspolitik mit einbezogen werden konnten. 1783 wurde die russische Statthalterschaftsverfassung, 1785 die russische Adels- und Stadtordnung, beide im eigentlichen Russland bereits 1775 eingeführt, auf die Ostseeprovinzen übertragen.

Im Rahmen der Statthalterschaftsverfassung von 1783 wurden die bisher getrennt verwalteten Provinzen Estland und Livland unter einem Statthalter (Generalgouverneur) zusammengefasst und damit einer einheitlichen und direkten Kontrolle durch den Staat unterworfen. Die Adelsordnung von 1785 schuf die ritterschaftlichen Landratskollegien in Estland und Livland ab und ersetzte die Landtage durch Adelsversammlungen analog zu denen des eigentlichen Russland. Anstelle der – in Livland nie konfirmierten – Adelsmatrikel erfasste nun ein adliges Geschlechterbuch alle besitzlichen Adligen in den Provinzen.

Die Einführung der russischen Stadtordnung von 1785 in den Ostseestädten stellte den ersten Versuch dar, massiv in deren Autonomie einzugreifen. Unter dem Eindruck der Staatslehren Christian Wolffs (*1679, †1754), Johann Gottfried Herders (*1744, †1803), Jakob Friedrich von Bielfelds (*1717, †1770) und Johann Heinrich Gottlob von Justis (*1720, †1771) hob Katharina II. die alten Stadtrechte und städtischen Korporationen auf und entließ die amtierenden Magistrate. Die früheren städtischen wurden zu staatlichen Organen. Die Bürgergemeinde verwandelte sich in eine Einwohnergemeinde. Konfessionelle und ethnische Beschränkungen zum Erwerb des Stadtbürgerrechts wurden beseitigt, Verwaltung und Justiz getrennt, berufsständische Schranken niedergerissen. Zünfte und Gilden besaßen nur noch organisatorische Aufgaben. Militärisch und fiskalisch wurden die Städte, insbesondere im Zusammenspiel mit den russischen Steuer- und Zollreformen der 1780er Jahre, stärker als bisher in das Funktionssystem des Staates integriert. Hinter der Aufhebung der Standesschranken in den Ostseestädten stand sicherlich das Interesse, für die deutsche auf der einen und die russische Stadtbevölkerung auf der anderen Seite einen Rechtsausgleich zu schaffen, wie dies in der deutschbaltischen Forschung öfters hervorgehoben wird. Darüber hinaus ging es jedoch auch um das kameralistische Ziel, die Stadtbevölkerung zu vermehren, um auf diese Weise die städtischen Wirtschaftszweige (Handel und Handwerk) zu stärken und für den Staat in Form von Zöllen und Steuern nutzbar zu machen. Dieses Ziel konnte einerseits durch die Gleichberechtigung aller Stadtbewohner, andererseits dadurch erreicht werden, dass die bäuerliche Bevölkerung in die Städte gelenkt wurde. Dies war jedoch nur über die Aufhebung der bäuerlichen Unfreiheit möglich.

In den Provinzen wurde die Bauernpolitik vor allem von den Brüdern Johann Christoph und Reinhold Berens (*1729, †1792 bzw. *1745, †1823), Garlieb Merkel (*1769, †1850), Johan Christoph Petri (*1762, †1851), August Wilhelm Hupel (*1737, †1819), Johann Gottfried Herder und einer Reihe von livländischen Geistlichen, allen voran dem Pastor Johan Georg Eisen von Schwarzenberg (*1717, †1779), dem Generalsuperintendent von Riga, Christian David Lenz (*1720, †1798), und dem Pastor Heinrich Johann von Jannau (*1753, †1821) diskutiert. Dabei standen zum einen der wirtschaftliche Nutzen, zum anderen ethische Fragen der Leibeigenschaft im Vordergrund. Viele der Diskussionsteilnehmer gehörten nicht der eingesessenen Bevölkerung an, sondern waren zugewandert und brachten wenig Verständnis für die Herrschaftsansprüche des Gutsadels auf. Trotz der unterschiedlichen Perspektiven auf das Problem des Gutsbesitzes und der Lage der Bauern waren sie aber im Ziel einig: Die Leibeigenschaft sollte abgeschafft werden. Sie war ökonomisch widersinnig und ethisch unhaltbar.

Die Diskussionen wurden von praktischen Maßnahmen begleitet. So begannen einzelne Gutsbesitzer in Estland und Livland seit der Mitte des 18. Jahrhunderts, für die Bauern einklagbare Normen zu formulieren. 1764 lockerte der livländische Freiherr Karl Friedrich Schoultz von Ascheraden (*1720, †1782) die Leibeigenschaft nach Vorbild einzelner Gutsbesitzer in Schleswig-Holstein, wandte die Bauernrechte aus der Zeit Karls XI. (1672–1697) an und ging sogar über sie hinaus. Die Bauern erhielten Eigentumsrechte an ihrem beweglichen Gut und bedingte Erbrechte an den von ihnen bewirtschafteten Höfen. Außerdem wurden die Arbeitsleistungen wie unter schwedischer Herrschaft klar definiert. Dem Vorbild Schoultz von Ascheradens schloss sich eine Reihe von Gutsbesitzern an. Die allgemeine Abschaffung der Leibeigenschaft ließ jedoch auf sich warten.

Die russische Regierung hatte an der Aufhebung der Leibeigenschaft sowohl kameralistische und militärische als auch ethische Interessen. Letztere scheinen in den 1760er Jahren, als die Kaiserin nach englischen, deutschen, aber auch schwedischen und livländischen Vorbildern Ausschau zur Reform des russischen Staatswesens hielt, überwogen zu haben. In den 1780er Jahren ist die «Verbesserung der bäuerlichen Zustände in den Ostseeprovinzen» stärker im Zusammenhang mit der Einführung der Statthalterschaftsverfassung, der Kopfsteuer (1783) und der Adels- und Städteordnung in den Ostseeprovinzen zu interpretieren.

Katharina II. arbeitete bei ihren Maßnahmen in der Bauernpolitik gegenüber den Ostseeprovinzen in den 1760er Jahren mit den geistlichen und bürgerlichen Befürwortern einer Bauernbefreiung zusammen. Als praktischer Helfer stand ihr der in Livland aufgewachsene Jakob Johann von Sievers (*1731, †1808) zur Seite. 1765 erging ein Befehl Katharinas II. an den livländischen Landtag, der sich stark am schwedischen Bauernschutz und an den Ascheradenschen Gutsreformen orientierte, den Gutsbauern das Recht auf bewegliches Eigentum zuzusprechen, die Arbeits- und Abgabenlasten festzulegen, Körperstrafen und den Verkauf von Bauern einzuschränken und diesen ein Beschwerde- und Klagerecht einzuräumen. Da die Umsetzung dieser Maßnahmen der Ritterschaft überlassen wurde, war der Effekt jedoch gering.

Von Katharina angeregte Maßnahmen der livländischen und estländischen Ritterschaften in den Jahren 1795 und 1796 blieben ebenfalls graue Theorie. Erst Alexander I. (1801–1825) bestätigte 1802 einen neuen Bauernrechtsentwurf, dem 1804 ein weiterer folgte. Dies waren die ersten rechtlichen Schritte, die zu den Bauernbefreiungen von 1816 (Estland), 1818 (Ösel) und 1819 (Livland) führten.

Die Frage, ob sich die Bauernpolitik Katharinas in erster Linie gegen die estländischen und livländischen Ritterschaften gerichtet habe oder ob es dabei um eine Politik des Bauernschutzes gegangen sei, wird wohl niemals eindeutig zu beantworten sein. Es kann jedoch als sicher gelten, dass Katharina II. einen Ausgleich der verschiedenen sozialen Sphären erstrebte. Diesen benötigte sie, um provinziale Autonomien und Herrschaftsstrukturen besser in den Gesamtstaat integrieren zu können. Der Machtverlust des livländischen und estländischen Adels durch eine Verbesserung der bäuerlichen Rechtssicherheit war ein Weg, um dieses Ziel zu erreichen.

Die von Katharina im Reich mit großem Eifer vorangetriebenen Kirchen- und Bildungsreformen spielten in den Ostseeprovinzen eine untergeordnete Rolle. Da sie es hier mit einer protestantischen Bevölkerung zu tun hatte, die Glaubensfreiheit genoss und ihr Bildungswesen im Rahmen der ständischen Einrichtungen selbst organisierte, bestanden kaum Eingriffsmöglichkeiten. Allenfalls erreichte sie mit der Einführung staatlicher «Normalschulen» (höhere Grundschulen) in den 1780er Jahren eine gewisse Gleichstellung der bildungsarmen russischen Bevölkerung mit der deutschen, schwedischen und finnischen Bevölkerung.

Nicht alle Reformen der Verwaltungs- und Ständestruktur unter Katharina II. und Alexander I. hatten Bestand. Die Statthalterschaftsverfassung sowie die Adels- und Städteordnung Katharinas II. wurden 1796 unter ihrem Sohn Paul I. (1796–1801) wieder aufgehoben. Mit Ausnahme der rechtlichen und sozialen Stellung der Bauern wurden damit die alten zwischenständischen Machtverhältnisse in den Provinzen im Wesentlichen wiederhergestellt.

5. Der Niedergang der Länder Litauens in der Union mit Polen (1569–1795)

An der Wende vom 15. zum 16. Jahrhundert verlor Litauen immer mehr Einfluss innerhalb der Union mit Polen. Gleichzeitig stieg das Großfürstentum Moskau zu einer neuen bedrohlichen Macht an der Ostgrenze auf. In der unter dem Druck der Moskauer Westexpansion erfolgten und für unauflösbar erklärten (Real-)Union von Lublin (1569) wurde Litauen unter der königlichen Krone zu einem «unteilbaren Leib» mit Polen, verlor aber die drei Woiwodschaften Wolhynien, Kiev und Podlachien an den polnischen Reichsteil. Die beiden Länder erhielten einen gemeinsamen Herrscher, Senat und Reichstag. Der Monarch wurde in Polen gewählt und in Krakau gekrönt. Jeder dritte Reichstag musste auf litauischem Territorium stattfinden. Außenpolitik und Münze waren Unionsangelegenheiten. Recht, Justiz, Verwaltung, Finanzen und Militärwesen regelten Polen und Litauen jeweils selbständig. Auf diese Weise blieb etwa das Litauische Statut von 1566, das die litauische Rechtsüberlieferung bis zu diesem Zeitpunkt zusammenfasste, in Kraft. In der Landesverwaltung behielt der litauische Adel das Recht auf Ämterbesetzung und Steuererhebung. Und die Regimenter waren weiterhin auf der Grundlage der litauischen Adelsfahne organisiert.

Die erhalten gebliebenen Privilegien verhinderten jedoch nicht die Polonisierung des litauischen Adels. Schon im Litauischen Statut von 1566 stand Polnisch gleichberechtigt neben Litauisch und Latein. Der Text der Unionsakte von Lublin war ausschließlich in polnischer Sprache abgefasst, und 1696 wurde Polnisch im litauischen Reichsteil zur Kanzleisprache, zur *lingua franca* des litauischen Adels und des hohen Klerus. Außer in der Sprache machte sich die Polonisierung des litauischen Adels aber auch in der Treue zur Katholischen Kirche, im Habitus und in der Heiratspolitik bemerkbar. Der Übertritt des žemaitischen Adels aus der Union mit Polen zur Union mit Schweden (1655) blieb Intermezzo. Und auch die Wahl des litauischen Magnaten Michael Korybut Wiśniowiecki zum König von Polen und Litauen (1669–1673) hatte für den litauischen Adel keine national-korporative Bedeutung mehr.

Die Reformation konnte in Litauen, anders als in Polen, kaum Fuß fassen. Hingegen schufen Zygmunt III. Waza (1587–1632) und sein Krongroßkanzler (1581–1605) Jan Zamojski unter dem Eindruck der Gegenreformation und unter Ausnutzung von Zwistigkeiten innerhalb der Orthodoxen Kirche mit der Union von Brest (1595/96) eine «Unierte Kirche», die unter Beibehaltung des orthodoxen Ritus und des orthodoxen Kirchenrechts den größten Teil der orthodoxen Bevölkerung Polens und Litauens unter die Oberhoheit des Papstes brachte und im 18. Jahrhundert noch rund zwölf Millionen Gläubige zählte. Das in der «Zeit der Wirren» (russ. *smuta*, 1598–1613) innerlich geschwächte Moskau konnte die Brester Union nicht verhindern. Auf lange Sicht jedoch bot sie der Moskauer Außenpolitik Interventionsmöglichkeiten, die bis zur Zerschlagung Polen-Litauens (1772, 1793, 1795) und einer massiven Rekonversionspolitik in der Zeit danach führten.

Die Geschichte Litauens zwischen dem 16. und 18. Jahrhundert ist zu gewichtigen Teilen die Geschichte der polnischen Adelsrepublik, der Rzeczpospolita. Diese war durch ständige Auseinandersetzungen mit Moskau, Schweden und dem Osmanischen Reich geprägt. Andere Gegner konnten hinzukommen. Während die Rzeczpospolita im Livländischen Krieg und in der *smuta* gegenüber Moskau zunächst Erfolge verzeichnen konnte, musste sie gegenüber Schweden immer neue Niederlagen hinnehmen. Im Nordischen Krieg von 1655–1660 wurde die Rzeczpospolita zum Spielball Schwedens, Moskaus, Österreichs, der Niederlande und Dänemarks. Die «schwedische Sintflut» wurde erst mit dem Frieden von Oliva (1660) eingedämmt, indem Polen-Litauen endgültig auf Estland und Livland zu Gunsten Schwedens verzichtete, alle Ansprüche der polnischen Wasa (schwed. Vasa) auf die schwedische Vasa-Krone fallen ließ und das Herzogtum Preußen an Brandenburg abtrat. Im Waffenstillstand von Andrusovo mit Moskau (1667) verlor die Rzeczpospolita Smolensk, Severija, Czernichów (russ. Černigov) und die linksufrige Ukraine mit Kiev an Moskau. Die Zaporoger Kosacken gelangten unter das Kondominium Moskaus und der Rzeczpospolita. 1672 verlor die Rzeczpospolita Podolien und Teile der Ukraine an das Osmanische Reich. Nach dem Großen Nordischen Krieg (1700–1721) geriet sie in die außenpolitische Abhängigkeit des Kaiserreiches Russland.

Dem äußeren entsprach der innere Niedergang Polen-Litauens. Insbesondere das 1652 erstmals erfolgreich eingesetzte *liberum veto*, die «Zerreißung» des Sejm durch fehlende Einstimmigkeit hatte verheerende Folgen für die politische Beschlussfähigkeit der Union. Fortan konnte die einzelne Stimme eines Adligen oder die Bildung von Adelsparteien, sog. Konföderationen, jeden beliebigen Beschluss verhindern. Politische Stagnation war die Folge. Auch die Kosackenunruhen der ersten Hälfte des 17. Jahrhunderts, vor allem aber der große Kosackenaufstand von 1648 unter Bohdan Chmielnicki (* ca.1595, † 1657), der sich gegen den Adel, die katholische Geistlichkeit und die Juden richtete, schwächten die innere und äußere Position der Rzeczpospolita nachhaltig.

Die Prosperität und relative Rechtssicherheit der Juden wurde 1648 nachhaltig erschüttert, als sie während der Kosackenaufstände schwere Pogrome erleiden mussten. Die Massaker forderten weit über 100 000 Opfer, die Institutionen und die wirtschaftliche und soziale Basis der Juden wurden weitgehend vernichtet. Die Überlebenden retteten sich in mystische Heilslehren (Kabbala, Messianismus) und eine naive Volksfrömmigkeit (Chassidismus) und fristeten ihr Dasein künftig im Schtetl, jenem von Hausierern und Schankwirten geprägten Kleinhandelszentrum, das zu *dem* Symbol des neueren Ostjudentums avancierte. Die dadurch erzeugte, im Gegensatz zur polnisch-litauisch-jüdischen Symbiose des Mittelalters stehende Ausschließung der Juden erzeugte ein Bild jüdischer Sonderexistenz, das so bisher nicht existiert hatte und zu immer neuen Verfolgungen führte. Die von alters her bestehende antijüdische Propaganda der Kirche fand hier einen fruchtbaren Nährboden. Der verschärfte Gegensatz löste im 18. Jahrhundert unter den Juden eine Diskussion über ihre mögliche Akkulturation oder Assimilation aus, wie sie von der jüdischen Aufklärung (*Haskala*) favorisiert wurde. Parallel dazu wirkten jedoch Kabbala und Chassidismus als beharrende Elemente fort.

Die Teilungen Polen-Litauens (1772, 1793, 1795): Die Teilungen Polen-Litauens (1772, 1793, 1795) tilgten die alte Rzeczpospolita für über 120 Jahre von der politischen Landkarte Europas. In der ersten Teilung (1772) verlor die Adelsrepublik rund ein Drittel ihrer Territorien und Bevölkerung. Russland gewann litauische Gebiete bis zur Düna und zum Dnepr mit einer vorwiegend weißrussisch-bäuerlichen und einer von Juden geprägten städtischen Bevölkerung sowie einer dünnen Adelsschicht. Preußen erhielt Westpreußen ohne Danzig (poln. Gdańsk) und Thorn (poln. Toruń), das Bistum Ermland und den Netzedistrikt, Österreich Ostgalizien und Lodomerien (Rotrussland).

Der regierende König von Polen-Litauen, Stanisław II. August (1764–1795), besaß damit genug Argumente, um seine bereits vor der Teilung in Angriff genommenen Reformpläne gegen den Widerstand des Adels durchzusetzen. Nach dem «Vierjährigen Reichstag» (1788–1791) entstand die «Mai-Verfassung» (3.5.1791), die das *liberum veto* und die Konföderationen abschaffte, die Erbmonarchie für das Haus Kursachsen einführte und das Stadtbürgertum in einen politischen Stand mit Teilnahmerecht am *Sejm* und Zugang zu den Staatsämtern verwandelte. Die jahrhundertealte Leibeigenschaft der Bauern wurde jedoch nicht aufgehoben. Gegen die Mai-Verfassung bildete sich die Konföderation von Targowica, durch die der König in einen Krieg gegen Russland gezwungen wurde. Der Einmarsch russischer Truppen gegen die «französische Pest» zog den Einmarsch preußischer Truppen nach sich. Es kam zur zweiten Teilung Polen-Litauens (1793), die rund die Hälfte des verbliebenen Territoriums unter Russland und Preußen aufteilte und den Rumpfstaat zu einem Satelliten des Russländischen Kaiserreiches machte. Russland erhielt u. a. Restlitauen, die Hälfte Wolhyniens und Podolien. Preußen sicherte sich Danzig, Thorn, Gnesen (poln. Gniezno), Posen (poln. Poznań), Kalisz und weitere Gebiete. Die dadurch ausgelöste Volkserhebung von 1794 unter Tadeusz Kościuszko (*1746, †1817) wurde von Preußen und Russland blutig niedergeschlagen und führte zur dritten – vollständigen – Teilung (1795), in der Russland die übrigen ostpolnischen Gebiete und Kurland, das zu «kompensierende» Österreich u. a. Westgalizien mit Kraków (dt. Krakau), Sandomierz, Lublin, Radom und Preußen Warszawa (dt. Warschau), die Gebiete zwischen Wisła (dt. Weichsel), Bug und Nemunas (dt. Memel) («Neuostpreußen») sowie einen Teil des Gebietes um Kraków erhielten. Das südwestliche Litauen, die Suvalkija (poln. Suwałki), seit 1795 zu Preußen gehörig, gelangte 1807 an das von einem Marionettenkabinett Napoleons regierte «Herzogtum Warschau» (1806–1815) und nach dem Wiener Kongress (1815) an das russische Teilungsgebiet («Kongresspolen»). Das übrige Litauen wurde dem Russländischen Reich unter der Bezeichnung «Nordwestgebiet» einverleibt.

Russisch-Litauen (1772–1795): Gegenüber der neu gewonnenen Bevölkerung verhielt sich die Regierung in St. Petersburg angesichts der angespannten Lage während der napoleonischen Kriege unterschiedlich. Grundsätzlich herrschte religiöse Toleranz. Die polnische Amts- und Gerichtssprache und das litauische Statut von 1566 blieben erhalten. Politische Institutionen (z. B. der *Sejm*) wurden jedoch abgeschafft. Der polnisch-litauische Adel konnte vom russischen Adel unter bestimmten Bedingungen kooptiert werden und besetzte die meisten Verwaltungsposten. Mit der höheren Geistlichkeit arbeitete die Regierung in konfessionellen Fragen eng zusammen, das Bürgertum wurde in seinen angestammten Rechten bestätigt. Im Falle der Juden strebte die russische Regierung seit Katharina II. (1762–1796) eine «Produktivierung», d. h. die Herausnahme von Juden aus den nach der Lehre der Physiokraten «unproduktiven» städtischen Wirtschaftszweigen wie Handel und Handwerk und ihre Einsetzung vor allem in der Landwirtschaft an. Die litauischen, weißrussischen und ukrainischen Bauern blieben in ihrer Mehrzahl weiterhin Leibeigene, ja ihre Lage verschärfte sich noch, indem sie die wenigen noch bewahrten Rechte der polnisch-litauischen Zeit unter russischer Herrschaft einbüßten; auch die in Russland übliche Kopfsteuer belastete sie ökonomisch weit mehr als zuvor.

Die Gebiete des östlichen Weißrussland und der Ukraine, die als genuin russisch galten, wichen von dieser generellen Tendenz jedoch ab. Hier führte die Regierung 1778 russische Gerichte und die russische Amtssprache ein und setzte russische Amtsträger in die höhere Verwaltung ein. Allein die lokale Verwaltung blieb eine Domäne des polnisch-litauischen Adels und der höheren Geistlichkeit. Außerdem betrieb die Orthodoxe Kirche in diesen Gebieten seit den 1770er Jahren eine forcierte Rekonversionspolitik gegenüber Mitgliedern der Unierten Kirche.

Preußisch-Litauen (16.–18. Jh.): Im Frieden zwischen Litauen und dem Deutschen Orden am Melno-See 1422 war das litauische Land um die Städte Klaipėda (dt. Memel), Tilžė (dt. Tilsit, heute russ. Soveck), Labiau (heute russ. Polessk), Ragainė (dt. Ragnit, heute russ. Neman), Îsrutis (dt. Insterburg, heute russ. Černjachovsk) und Gumbinnen (heute russ. Gusev) dem Orden zugesprochen worden. Das als «Kleinlitauen» (lit. *Mažoji Lietuva*) bekannte Gebiet innerhalb Ostpreußens besitzt eine eigenständige, aber für Unions-Litauen wichtige Geschichte und wurde erst 1923 wieder mit dem übrigen Litauen vereint. Im 16. Jahrhundert wurde Kleinlitauen zur Geburtsstätte der ersten prussischen und litauischen Texte und einer litauischen Literatursprache. 1547 gab Martynas Mažvydas (Martinus Mosvidius, *vor 1520, †1563) in Königsberg den ersten litauischen Katechismus heraus. 1590 übersetzte der kleinlitauische Priester Jonas Bretkūnas (Bretke, *1532, †1602) die Bibel ins Litauische. 1653 verfasste Daniel Klein (*1609, †1666) die erste *Grammatica Litvanica*. Aus Kleinlitauen stammte auch der erste Klassiker der litauischen Literatur, der Dichter-Pfarrer Kristijonas Donelaitis (Christian Donalitius, *1714, †1780). Während die litauische Sprache im frühneuzeitlichen Unions-Litauen mehr und mehr aus der Öffentlichkeit verschwand und nur noch von den Bauern gesprochen wurde, erlebte sie in Kleinlitauen eine Renaissance. Dies sollte sich als eine der wesentlichen Voraussetzungen für die Wiedergeburt des Litauischen im Rahmen des litauischen Nationalgedankens an der Wende vom 19. zum 20. Jahrhundert erweisen.

V. Das lange 19. Jahrhundert unter russischer Herrschaft

Zu Beginn des 19. Jahrhunderts erfolgten in den «Ostseeprovinzen» Estland, Livland und Kurland Agrarreformen, die das veraltete System der Leibeigenschaft durch ein persönlich freies Bauerntum ersetzen, spürbare Probleme der Landwirtschaft lösen und philanthropische Vorstellungen der Aufklärung umsetzen sollten. Gleichzeitig ermöglichten sie nach weiteren Reformen in der Mitte des 19. Jahrhunderts eine Industrialisierung und Urbanisierung, die die Grenzen von Stadt und Land verwischte und einer neuen sozialen Abgrenzung nach ethnischen Kriterien Vorschub leistete. Ein ähnlicher Prozess lässt sich auch in den litauischen Gebieten beobachten, allerdings aufgrund der erst in den 1860er Jahren durchgeführten Agrarreformen erheblich verzögert. Industrialisierung und Urbanisierung litten zudem unter dem weit gehenden Desinteresse der St. Petersburger Regierung an diesem Teil des Reiches. Und die Ethnisierung der Bevölkerung erscheint hier weniger als eine Folge des Industrialisierungs- und Urbanisierungsprozesses denn einer oft religiös gewandeten Russifizierungspolitik, die wesentlich früher als in den Ostseeprovinzen einsetzte.

1. Die «Ostseeprovinzen» Estland, Livland und Kurland

Die im 18. Jahrhundert begonnene Bauernschutzpolitik erreichte unter Alexander I. (1801–1825) mit den Bauernbefreiungen einen vorläufigen Höhepunkt. Sie spiegelten die landwirtschaftlichen Interessen und philanthropischen Einstellungen des Kaisers wie des Gutsadels wider und reagierten auf eine landwirtschaftliche Krise zu Beginn des 19. Jahrhunderts (Missernten, sinkende Getreidepreise auf dem Weltmarkt), die Maßnahmen zur Produktivität in der Landwirtschaft forcierte. Die Diskrepanz zwischen den Agrargesetzen und deren tatsächlicher Umsetzung in den «Ostseeprovinzen» blieb allerdings bis weit ins 19. Jahrhundert ein Dauerproblem der kaiserlichen Regierung.

1802 verabschiedeten der Kaiser und der estländische Landtag ein «Bauernreglement», das die Bauern erstmals als Rechtspersonen anerkannte, ihnen eigene Gerichte zugestand und für bewegliche Güter ein uneingeschränktes Eigentums- und Erbrecht sowie ein erbliches Nutzungsrecht, nicht jedoch ein Besitzrecht an Grund und Boden vorsah. In Livland hob eine vom Kaiser erlassene und von der Ritterschaft anerkannte Bauernverordnung von 1804 die Leibeigenschaft auf und ersetzte sie nach preußischem Vorbild durch die Gutsuntertänigkeit. Die Bauern waren weiterhin schollen-, fron- und abgabenpflichtig. Sie besaßen kein Recht auf Landeigentum, jedoch ein erbliches Landnutzungsrecht. Die Gutsgerichtsbarkeit, der Zwangsgesindedienst und der Heiratszwang wurden aufgehoben, die Güter katastriert und vermessen. Diese auf dem Papier schon recht weit gehende Reform hatte jedoch in der sozialen Wirklichkeit der Bauern kaum erkennbare Auswirkungen. Auch standen andere, weiter bestehende Regelungen im Widerspruch zur Verordnung von 1804 und erschwerten deren Umsetzung.

1816 zog das Gouvernement Estland mit einer eigenen Verordnung nach. Wie in Livland blieb der Boden Eigentum der Gutsherren, wobei er nun allerdings nicht mehr mit Hilfe von Zwangsdiensten, sondern im Rahmen freier Vereinbarungen zwischen Gutsherren und Bauern bearbeitet wurde. Dadurch verloren die Bauern ihr erbliches Landnutzungsrecht. An die Stelle des patriarchalischen Bauernschutzes trat der freie Vertrag zwischen Arbeitnehmer und Arbeitgeber, an die Stelle des Landpächters der Landarbeiter. Die Bauern waren nun rechtlich frei, stürzten dafür aber in ökonomische Abhängigkeiten. Erst weitere Verordnungen in der Mitte des 19. Jahrhunderts sollten hier Abhilfe schaffen. Einstweilen hinterließ jedoch das estländische Modell seine Wirkungen in den Nachbarprovinzen. In Kurland, das 1795 im Zuge der dritten Teilung Polens an Russland gelangt war, übernahm der Landtag 1817 die estländischen Regelungen. Ebenso brach die livländische Bauernverordnung von 1819 mit den Prinzipien von 1804 und schloss sich der estländischen von 1816 an, behielt jedoch die Schollenbindung der Bauern bei. Sie wurde erst 1849 aufgehoben, als den Bauern erlaubt wurde, Grund und Boden zu erwerben.

Die unzureichende und langwierige Umsetzung der Agrarreformen führte immer wieder zu Unruhen unter den Bauern. Sie besaßen zwar alle lokalen Charakter, waren also zu diesem Zeitpunkt noch nicht geeignet, lettischen oder estnischen nationalen Bewegungen Vorschub zu leisten, beriefen sich aber immerhin hier und da schon auf die Ideale der Französischen Revolution. Mit Ausnahme Kurlands, das 1812 von französischen Truppen besetzt war, konnten Ritterschaften und Krone die Gefahr des Revolutionsimports mit Hilfe militärischer Erfolge gegen die französische «Grande Armée» bannen. Die Ursprünge von «Freiheit, Gleichheit, Brüderlichkeit» im Rahmen von «Volk» und «Nation» der Letten und Esten lassen sich aber bis zu einem gewissen Grad durchaus an den Agrarreformen und den damit verbundenen Bauernunruhen an der Wende vom 18. zum 19. Jahrhundert festmachen.

Die Bauernverordnungen führten nicht direkt zur Industrialisierung, waren aber ein erster Schritt dazu. Den Durchbruch brachten die 1860er Jahre. Ein im Rahmen der «Großen Reformen» Alexanders II. (1856–1881) erarbeitetes neues Passgesetz von 1863 ermöglichte den Untertanen des Kaisers die freie Niederlassung in allen Teilen des Russischen Reiches. Die Aufhebung der städtischen Zunftverfassung von 1866 und die Niederreißung der Stadtmauern und Festungsanlagen waren weitere sozioökonomische und stadtplanerische Vorbedingungen zur Aufnahme der nun einwandernden Landbevölkerung. Mit ihr standen genug Arbeitskräfte zur Verfügung, um gewerbliche Unternehmen im großen Stil zu betreiben. Das bedeutendste Industrieprojekt dieser Zeit war zweifellos der Eisenbahnbau. Die erste Trasse wurde 1868 zwischen Riga (lett. Rīga) und Mitau (lett. Jelgava) eröffnet, eine zweite folgte 1870 mit der Verbindung Baltischport-Reval-Narva-St. Petersburg. Der Eisenbahnbau erforderte rasch expandierende Zulieferindustrien, vor allem in der Metall-, Holz-, Leder- und Maschinenproduktion, erweckte aber durch den nun wachsenden Wohlstand auch ältere Industriezweige (Textilien, Porzellan) zu neuem Leben. Gleichzeitig förderte die Eisenbahn eine weiträumige Erschließung des Hinterlandes der Hafenstädte und bescherte diesen einen rasanten Aufschwung, der seinerseits wieder mehr Arbeitskräfte vom Land in die Städte zog und die Belegschaften und Produktionsziffern der städtischen bzw. stadtnahen Fabriken in die Höhe schnellen ließ. Die steigende Produktion und der wachsende Handel wiederum erforderten höhere Transportkapazitäten, die in den 1860er und 1870er Jahren durch Werftneugründungen in Windau (lett. Ventspils) und Libau (lett. Liepāja), weitere Schienentrassen und Waggonfabriken in Reval (estn. Tallinn) und Riga geschaffen wurden.

Von den städtischen Industriezentren wuchs Riga bei weitem am schnellsten. Hier verfünffachte sich zwischen 1862 und 1913 die Bevölkerung. Aber auch Libau und Windau in Kurland oder Reval und Narva in Estland profitierten von der Industrialisierung.

Eine Folge der Agrarreformen und der Industrialisierung war die Entstehung einer neuen sozialen Gruppe, der Land- und Industriearbeiterschaft, die ihre Interessen aber, anders als in vielen anderen europäischen Staaten der Zeit, weniger klassen- als kultur- und volkskämpferisch, d.h. national, formulierte. Hier wirkte sich die jahrhundertealte Kongruenz von sozialer und ethnischer Zugehörigkeit aus. Klassenkämpferische Ideen hatten denn auch einen schweren Stand gegenüber einer klassenübergreifenden ethnischen Solidarität von Bauern und Arbeitern. Die Landflucht bewirkte nämlich eine deutliche Verschiebung der ethnischen Zusammensetzung der städtischen Bevölkerung zu Gunsten der Letten und Esten. So machte die lettischsprachige Bevölkerung in Riga 1862 nur knapp 24% der gesamten städtischen Bevölkerung aus. 1913 waren es beinahe 40%. In Reval erhöhte sich der Anteil der estnischsprachigen Bevölkerung von 51,8% (1871) auf 71,6% (1913) und in Dorpat (estn. Tartu), wo die Industrialisierung etwas später einsetzte, von 55,1% (1881) auf 73,3% (1913). Auf diesem Hintergrund liefen kulturelle und politische Prozesse ab, die von der Forschung üblicherweise als «nationales Erwachen» der Esten und Letten gekennzeichnet werden. Die Städte und die städtischen Einrichtungen bildeten dabei Märkte, auf denen Ideen und Programme entwickelt, ausgetauscht, verbreitet und per Mundpropaganda, Publikationen, Eisenbahnen und Telegrafenleitungen aufs Land weitervermittelt wurden.

Dabei waren es zunächst nicht die späteren «Letten» und «Esten» gewesen, die ihre jeweilige Sprache zuerst entdeckten und förderten, sondern ihre anderssprachigen geistlichen und weltlichen Lehrer. Vor allem die deutsche und schwedische Geistlichkeit, später die sog. Literaten, aber auch die Russifizierungsversuche gegen Ende des 19. Jahrhunderts wirkten hier als Katalysatoren. Voraussetzung für die Entstehung eines lettischen Nationalbewusstseins war die Entdeckung des «Volkes», konkret: des lettischen Volkes, durch Johann Georg Hartmann (*1730, †1788) und Johann Gottfried Herder; beide lebten und wirkten zeitweise in Livland. Aber auch die Publizistik gegen die Leibeigenschaft, vor allem Garlieb Merkels (*1769, †1850) Schrift «Die Letten» (1796), ist hier zu erwähnen. Die Idee eines lettischen «Volkes» – und das hieß zugleich seine Eingliederung in die europäische Völkerfamilie – wurde zunächst von gelehrten Gesellschaften und von einer von Deutschen betriebenen lettischsprachigen Publizistik seit den 1820er Jahren unter die Akademikerschaft, später dann auch unter die lettischsprachige Bevölkerung gebracht. So verfolgte die 1824 gegründete «Lettisch-Literärische Gesellschaft» das rein akademische Ziel, die lettische Sprache und Folklore zu studieren. Sie wurde durch die 1834 gegründete «Gesellschaft für Geschichte und Altertumskunde der Ostseeprovinzen» für die historischen Fächer ergänzt. Weniger für ein gelehrtes Publikum als für die lettischen Bauern waren die Aktivitäten der frühen lettischen Publizistik gedacht. Seit 1822 erschien die von dem kurländischen Pastor K. F. Watson (*1777, †1826) herausgegebene *Latviešu Avīzes* (Lettische Zeitung, 1822–1915) und seit 1832 der *Tas Latviešu Ļaužu Draugs* (Freund des lettischen Volkes, bis

1846), der von dem Rigaer Pastor Hermann Trey herausgegeben wurde.

In der zweiten Hälfte des 19. Jahrhunderts ging die von den deutschsprachigen Sprachgelehrten und Publizisten gesäte Saat bei der lettischsprachigen Bevölkerung auf. Um die Mitte des 19. Jahrhunderts erschienen die ersten Werke lettischer Schriftsteller. Sie beeinflussten die literarische Szene in Livland und Kurland nicht nennenswert, wurden aber doch von ihren deutschsprachigen Kollegen geachtet und bildeten den Grundstein für eine lettische Literatursprache.

Die Aktivitäten der gelehrten Gesellschaften, der frühen lettischen Publizistik und Belletristik waren weitgehend unpolitisch und standen in der Tradition der Volksaufklärung des 18. Jahrhunderts. Der Staat und infolgedessen eine politische Revolution hatten bei ihnen keinen Platz. Dies änderte sich in der zweiten Hälfte des 19. Jahrhunderts mit der seit 1862 von Juris Alunāns (1832–1864), Krišjānis Barons (1835–1923) und Krišjānis Valdemārs (1825–1891) herausgegebenen und als Organ der lettischen Studenten in St. Petersburg fungierenden *Pēterburgas avīzes* (Petersburger Zeitung, 1862–1865), die sich dezidiert über die angebliche kulturelle Überlegenheit der Deutschen mokierte, und der Gründung des Lettischen Vereins in Riga (1868). Damit war ein lettisch-deutscher Kulturkampf eröffnet, der bis zum Ersten Weltkrieg und darüber hinaus andauern sollte.

Diese Wende hatte entscheidend mit der wachsenden Qualität der Schulbildung und – daran anknüpfend – dem wachsenden Selbstbewusstsein der lettischsprachigen Bevölkerung zu tun. 1839 war in Wolmar (lett. Valmiera) eine Volksschullehrerbildungsanstalt gegründet worden, die in der zweiten Hälfte des 19. Jahrhunderts mehr und mehr von Lehrern lettischer Herkunft betrieben wurde, in der Lettisch die Unterrichtssprache und die Mehrzahl der Studenten Letten war. Aus ihr gingen nicht nur Volksschullehrer hervor, sondern auch eine bedeutende Anzahl lettischer Absolventen, die dann in St. Petersburg und an anderen Reichsuniversitäten, zum Teil auch in Deutschland oder Finnland, weiterstudierten. Während sich die deutsche Oberschicht um die Mitte des 19. Jahrhunderts noch der Hoffnung hingab, mit zunehmender Bildung werde die lettisch- und estnischsprachige Bevölkerung ihre Herkunft vergessen und sich mit Hilfe der deutsch angeleiteten Bildung germanisieren lassen, ging die Entwicklung an den Universitäten Dorpat und St. Petersburg in die entgegengesetzte Richtung.

Zwar gelang es den Deutschen bis zum Ersten Weltkrieg, die Wirksamkeit der lettischen Publizistik teilweise einzuschränken, aber die Idee vom lettischen Volk hatte sich festgesetzt und wurde durch die großen Nationalbewegungen im Ausland (Italien, Deutschland u. a.) genährt. Das Konfliktmuster in den russländischen Ostseeprovinzen driftete langsam von ständischen zu ethnischen Kriterien. Zunächst wurde die lettische Idee noch in Begriffen des Ständeunterschieds formuliert. Als wichtigster Identitätsfaktor erwies sich dabei die Abgrenzung gegen alles Deutsche in sozialer Hinsicht. Der kulturelle Unterschied spielte dabei eine weniger bedeutende Rolle. Viele Letten in den Städten sprachen nur schlecht Lettisch und konnten sich besser auf Deutsch oder Russisch verständigen, einige waren mit Deutschen verheiratet und verdankten den Deutschen ihren sozialen Aufstieg. Und ein Teil der deutschen Literaten sympathisierte mit der lettischen Bewegung. Ein weiteres Problem war die Durchbrechung des sprachlich-ethnischen Prinzips durch territorialadministrative Kriterien. Die lettischsprachige Bevölkerung lebte in drei verschiedenen Provinzen des Reiches: in den Gouvernements Livland, Kurland und Vitebsk. Manche fühlten sich eher als Liv- oder Kurländer denn als Letten. Nur die holistische Vorstellung von «Volk» (*tauta*), Volkssprache und «Volksseele» (*tautas gars*) war geeignet, die schichtenspezifische und geographische Differenzierung der lettischsprachigen Bevölkerung zu überwinden. Und die Sprache war zugleich Bestandteil und wichtigstes Instrument zur Verbreitung dieser Vorstellung.

Mit zeitlicher Verzögerung kam in der zweiten Hälfte des 19. Jahrhunderts auch in Estland eine – an deutschen und finnischen Vorbildern geschulte – Nationalbewegung in Gang. Wie im lettischen Siedlungsgebiet war sie eng mit den Agrarreformen, der Aufhebung der Zunftverfassung, der Wanderung vom Land in die Städte und der damit erzeugten überregionalen Kommunikation verbunden.

Für eine erste Phase der Bildung eines estnischen Nationalbewusstseins auf Grundlage der estnischen Sprache lassen sich ebenfalls gelehrte Gesellschaften, die Publizistik und das Volksschulwesen anführen. Dabei ist es besonders interessant zu beobachten, wie der Umschlag von der sozialen zur ethnischen Identität erfolgte – wie etwa beim Herausgeber der ersten estnischsprachigen Zeitung *Perno Postimees* (Pernauer Postbote, seit 1863: *Eesti Postimees* – Estlands Postbote, 1857–1885), Johann Voldemar Jannsen (1819–1890), aus dem «Landvolk» «Esten» wurden. Auch andere estnische Nationalaktivisten, wie etwa Carl Robert Jakobson (1841–1882) oder Jacob Hurt (1839–1907), folgten dieser Richtung. Eine Besonderheit, die sich später auch bei den Letten durchsetzte, waren die Sängerfeste. 1869 fand in Dorpat anlässlich des 50. Jahrestages der Bauernbefreiung im Gouvernement Livland das erste gesamtestnische Sängerfest statt. Es wurde für den Nationalbildungsprozess deshalb so wichtig, weil es einen großen Teil der estnischsprachigen Bevölkerung zusammen und untereinander in einen dauerhaften Kommunikationszusammenhang brachte. Die Sängerfeste der nachfolgenden Jahrzehnte bildeten ein entscheidendes Gegengewicht zur Russifizierung. Den Nährboden für den Ertrag der Sängerfeste bildeten die lokalen Gesangvereine, die – ausgehend von *Vanemuine* in Dorpat und *Estonia* in Reval (beide 1865 gegründet) – im estnisch- und auch im lettischsprachigen Gebiet in den 1870er Jahren überall wie Pilze aus dem Boden schossen.

Die anfängliche Ignoranz, dann aber mehr und mehr restriktive Haltung der Deutschen gegenüber estnischsprachigen Aktivitäten auf der einen und die Unterstützung der Estophilen durch die kaiserliche Regierung, die damit die politische und kulturelle Dominanz der Deutschen mit Hilfe des trojanischen Pferdes einer estnischen Kulturautonomie zu brechen hoffte, auf der anderen Seite, schienen zunächst günstige Rahmenbedingungen für eine estnische Bewegung zu bieten. Sie erwiesen sich aber letztlich – zur Überraschung einiger Aktivisten mit allzu hoch fliegenden Hoffnungen – als Vehikel einer akzelerierten administrativen und kulturellen Integration («Russifizierung») in den 1890er Jahren.

Die Reaktion auf die Integrationsversuche der St. Petersburger Regierung und der Orthodoxen Kirche ließ freilich nicht auf sich warten und verhalf der estnischen Sprache endgültig zum Durchbruch in der Öffentlichkeit. Hatten sich estophile Literaten bisher auf Deutsch verständigt, so gingen sie kurz vor und vor allem nach der Jahrhundertwende zum Estnischen über, das mehr und mehr den Status einer auch von den Gelehrten akzeptierten Literatursprache genoss.

Weder die lettische noch die estnische Nationalbewegung war im 19. Jahrhundert auf die Errichtung eines eigenständigen Staatswesens gerichtet. Vielmehr dachte man in Kategorien einer kulturellen Autonomie innerhalb des Kaiserreiches. Erst der Erste Weltkrieg eröffnete die Chance und für einige sogar die Notwendigkeit, eine Eigenstaatlichkeit anzustreben, denn nach der Machtergreifung der Bol'ševiki gab es in den Ostseeprovinzen nur wenige Sympathisanten für das neue Regime. Gleichwohl hatten die Nationalbewegungen der Letten und Esten von Anfang an politische Auswirkungen, die sich vor allem in einer nationalen Auseinandersetzung zwischen der nun immer klarer als «Balten» oder «Deutschbalten» hervortretenden deutschsprachigen Bevölkerung und der russisch-nationalen Publizistik manifestierten.

Während die Ritterschaften und die Mitglieder der Zünfte und Gilden in den Städten in der ersten Hälfte des 19. Jahrhunderts immer noch in ständischen Kategorien dachten und sich kulturell sowohl der lettischen und estnischen Unterschicht auf dem Land und in den Städten als auch den «Russen» – nicht zuletzt aufgrund der überragenden wissenschaftlichen und kulturellen Bedeutung der 1802 wiedereröffneten Universität Dorpat – überlegen fühlten, schwand dieses Gefühl unter dem Eindruck der Aufhebung der ständischen Ordnung in den Städten, der lettischen und estnischen Nationalbewegung in den Ostseeprovinzen, aber auch der stärker werdenden russischen Nationalbewegung im Reich. Die Folge war, dass Stadt und Land nicht nur für die Esten und Letten, sondern auch für die in die Defensive geratende deutschsprachige Bevölkerung näher zusammenrückten; mehr noch: dass sich die deutschsprachige Bevölkerung angesichts der Ethnisierung der Konflikte selbst mehr und mehr als eine provinzübergreifende ethnische Gemeinschaft, als «Deutschbalten», sah. Bis die «Deutschbalten» «von der Oberschicht zur Minderheit» (Gert von Pistohlkors) wurden, sollte es noch eine geraume Zeit dauern. Von vereinzelten Verzögerungsphasen abgesehen erlebten sie in der zweiten Hälfte des 19. Jahrhunderts einen fortschreitenden Machtverlust, der, bei ökonomischer Überlegenheit, zahlenmäßige Stärke und politischen Einfluss in den Ostseeprovinzen am Ende eher zur Deckung brachte als zuvor.

Dieser Machtverlust hing entscheidend mit der gewandelten Haltung der St. Petersburger Regierung und der russischen Publizistik im Reich zusammen. Spätestens seit dem Dekabristenaufstand und der Regierung Nikolaus' I. (1825–1855) hatten auch in Russland die Ideen der Französischen Revolution und nicht zuletzt die von Volk und Nation Fuß gefasst. Sie wirkten unmittelbar auf die ethnischen Konflikte der Ostseeprovinzen ein. Die Agrarreformen zu Beginn des Jahrhunderts hatten die lettischen und estnischen Bauern ansatzweise dem Einfluss der deutschen Gutsbesitzer entzogen und erstmals dem direkten Einfluss der nationalrussischen Kreise geöffnet. Diese Verschiebung zeichnete sich sichtbar in den 1840er Jahren ab, als es der Russisch-Orthodoxen Kirche gelang, einem beträchtlichen Teil der estnisch- und lettischsprachigen Bevölkerung die Konversion zur Orthodoxie mit der Aussicht auf Landbesitz schmackhaft zu machen. Als der Landbesitz sich nicht einstellte, war es zu spät. Die Orthodoxe Kirche war als Staatskirche geschützt, die Rekonversion unter Strafe gestellt, Konflikte zwischen der Lutherischen und Orthodoxen Kirche um die «Seelen» der Esten und Letten vorprogrammiert. Sie sollten sich bis zum Ersten Weltkrieg unter Einsatz immer rücksichtsloserer politischer Mittel hinziehen. Der kirchliche Konflikt wurde seit den 1880er Jahren durch einen weltlichen ergänzt, als die Regierung durch die Einführung der russischen Sprache, Geschichte und Geographie in den Schulen immer offener eine Politik der kulturellen Russifizierung betrieb. Ungeachtet der Tatsache, dass sie damit nur teilweise erfolgreich war, unterstützte die Regierung die lettische und estnische Nationalbewegung, um einen Keil in das Machtgefüge der Ostseeprovinzen zu treiben und die Nationalbewegungen auf diese Weise für ihr eigentliches Ziel – die Zentralisierung und die Schwächung der traditionellen deutschen Eliten – einzuspannen.

2. Das «Nordwestgebiet» und Kleinlitauen

Den Teilungen Polen-Litauens folgte zu Beginn des 19. Jahrhunderts eine Teilung der litauischen Gebiete innerhalb des Russischen Reiches. Die seit 1796 bestehende Litauische Provinz (*Litovskaja gubernija*) wurde ab 1801 weiter in die der kaiserlichen Territorialverwaltung unterstellten Gouvernements Vil'na (poln. Wilno, lit. Vilnius), Grodno (lit. Gardina, weißruss. Hrodna) und Kovno (poln. Kowno, lit. Kaunas) geteilt. Lettgallen bildete einen Teil des Gouvernements Vitebsk. Die seit 1807 zum «Herzogtum Warschau» geschlagene Provinz Suvalkija (poln. Suwałki) blieb nach dem Wiener Kongress (1815) Teil des mit dem Kaiser in Personalunion verbundenen Königreiches Polen («Kongresspolen»).

«Nordwestgebiet»: Die litauische Nationalbewegung war zunächst nicht das Ergebnis von Agrarreformen und eines Industrialisierungs- und Urbanisierungsprozesses wie in den Ostseeprovinzen. Sie orientierte sich eher am polnischen, von Adel und Geistlichkeit getragenen *Risorgimento*-Nationalismus, mit dem Ziel, die in den Teilungen verlorene Staatlichkeit und die durch die administrativen Teilungen verlorene Einheit wieder herzustellen. Da die Wiederherstellung der Staatlichkeit eng an die Idee der Monarchie und Polen gebunden war, war eine litauische Nation gleichzeitig kulturell zu denken, um sie von der polnischen Nationalidee abzusetzen. Die 1803 von Alexander I. (1801–1825) wiedergegründete ehemals litauische (gegr. 1579)

und nun als «polnische» Bildungseinrichtung konzipierte Universität Wilno spielte dabei eine Hauptrolle. Im ersten Drittel des 19. Jahrhunderts begann hier unter dem Einfluss der deutschen Romantik (Herder, Hegel) eine Beschäftigung mit der litauischen Sprache und Folklore. Die daraus hervorgehende «lituanistische Bewegung» war noch unmittelbar mit der polnischen *Risorgimento*-Bewegung verknüpft. So gingen z. B. gerade von der Symbiose des polonisierten Kleinadels, der Geistlichkeit Žemaitens und der polnischen Intellektuellen wichtige Impulse zur Pflege der «Sprache der Bauern» aus. Auch in dem durch die Pariser Julirevolution (1830) ausgelösten Novemberaufstand von 1831 kämpften Litauer noch zusammen mit Polen gegen die russische Fremdherrschaft.

Dem Novemberaufstand folgten erste Russifizierungsmaßnahmen. An den wenigen Schulen in den litauischen Gebieten wurde der Unterricht auf Russisch erteilt und die Geschichte Russlands als obligatorisches Fach eingeführt, die Universität Wilno geschlossen, und die Konversionskampagnen der Orthodoxen Kirche wurden verstärkt. Das Litauische Statut von 1566, Grundlage der litauischen Rechtsprechung und politischen Verfassung, verlor seine Gültigkeit und wurde durch russisches Recht ersetzt. Ein kaiserlicher Ukaz verbot die Bezeichnung «Litauen», ersetzte sie durch den Verwaltungsbegriff «Nordwestgebiet» (*Severnozapadnyj kraj*) und markierte so die endgültige administrative Eingliederung in die russische Territorialverwaltung. Unter dem Vil'naer Generalgouverneur Murav'ev (* 1796, † 1866), dem «Henker», kulminierte 1861 die Russifizierungspolitik in Deportationen und Hinrichtungen von Vertretern des Adels und der Geistlichkeit im Nordwestgebiet. Dieser Affront führte zum – wiederum erfolglosen – Januaraufstand der Polen und Litauer von 1863.

Die Russifizierung konnte so nicht gestoppt werden. Sie ging nach der Niederschlagung des Aufstandes weiter. Vor allem betrieb die russische Regierung nun die Ansiedlung russischer Kolonisten im Nordwestgebiet. 1864 erging ein Druckverbot für Bücher in lateinischer Schrift, das zugleich als national-, sprachen- und kirchenpolitische, d. h. antikatholische, Maßnahme gedacht war. Katholiken blieben allgemein vom Staatsdienst ausgeschlossen. In den 1890er Jahren sorgten Schließungen von Kirchen und Klöstern teilweise für internationales Aufsehen.

All diese Maßnahmen waren nicht speziell gegen die litauische, sondern in erster Linie gegen die polnische Nationalbewegung gerichtet. Sie trafen aber auch den polonisierten litauischen Adel und die litauische katholische Geistlichkeit. Für die lituanistische Nationalbewegung hatte dies zwei einschneidende Folgen. Nach dem Aufstand von 1863 wanderte ein beträchtlicher Teil der Bevölkerung der litauischen Gebiete in die USA und nach Kanada aus. Außerdem trennte sich die litauische (nun nicht mehr lituanistische) von der polnischen Nationalbewegung und verwandelte sich in eine breitere kulturautonome Strömung nach Vorbild der Vertreter der «organischen Arbeit» in Polen. Dies war vor allem durch die allgemeine Bauernbefreiung im Russischen Reich im Jahre 1861 möglich geworden. Ausgehend vom wirtschaftlichen Aufschwung der durch die Einführung des Code Napoléon 1807 befreiten Bauern der polnisch verwalteten Suvalkija, der den Ausbau der Bildungsinstitutionen ermöglichte, vollzogen die wohlhabenderen, im nunmehr offiziell «Weichselgebiet» genannten Königreich Polen lebenden litauischen Bauern eine im rechtlichen Rahmen bleibende geistige Emanzipation von den polnischen und russischen Großgrundbesitzern. Die Wiederrichtung des litauischen Staates war dabei kein primäres Ziel.

Inhalt des litauischen nationalen Denkens und Handels war vor allem die Sprache. Der Hinweis auf Litauisch als eine der ältesten lebenden Sprachen der indoeuropäischen Sprachenfamilie diente der Schärfung des kulturellen Sonderbewusstseins. Gleichzeitig war die immer striktere Sprachenpolitik der St. Petersburger Regierung dazu geeignet, das Bewusstsein für das Kommunikationsmedium Sprache als Exponent der kulturellen Abgrenzung zu fördern und die Mitglieder der Sprachgemeinschaft als solche kenntlich zu machen. Eine Vermittlerrolle übernahmen die «Bücherträger» (lit. *knygnešiai*), die zur Zeit des Druckverbots (vor allem Ende des 19. Jahrhunderts) für Bücher in lateinischer Schrift trotz massiver Strafandrohungen Drucke in litauischer Sprache größtenteils aus Kleinlitauen, d.h. dem litauisch besiedelten Teil Ostpreußens, in die litauischen Gebiete Russlands schmuggelten. Sie spielten eine zentrale Rolle bei der Herausbildung eines litauischen Gemeinschaftsgefühls auf Grundlage der Sprache – und zwar nicht allein der intellektuellen Schicht, sondern auch der bäuerlichen Bevölkerung. Diese fasste nämlich den Russischunterricht in den Schulen als Vorstufe zur Glaubenskonversion auf. Der Druck der Russisch-Orthodoxen Staatskirche auf den Katholizismus und die katholische Mission hatten nach dem Aufstand 1830/31 deshalb vor allem eine Stärkung des katholischen Selbstbewusstseins durch die katholische Geistlichkeit in den litauischen Gebieten zur Folge. Besonders die Dorfpfarrer führten einen Zweifrontenkrieg gegen die russische und polnische Sprachdominanz und verstanden es, die Volkssprache zu bewahren. Das in der Mitte des 19. Jahrhunderts aufkommende Volksschulwesen kam ihnen dabei unterstützend zur Hilfe. Aber auch traditionelle Symbole und Alltagsmythen förderten die nationale Idee. Dazu gehörte die Konstruktion eines polnisch-litauischen Heldenzeitalters in Anlehnung an polnisch-nationale Vorbilder ebenso wie das gleichzeitig entwickelte Konzept einer nationalen Renaissance des spätmittelalterlichen Großfürstentums Litauen und die Entwicklung einer eigenen Orthographie, die den litauisch-polnischen Gegensatz und die Vorstellung einer Jahrhunderte langen Fremdherrschaft durch Polen und Russen betonte.

Der russischen Regierung war die Entwicklung einer litauischen Intelligenz als Gegengewicht zur polnischen Intelligenz und zur Katholischen Kirche willkommen. Ähnlich wie die lettische und estnische Nationalbewegung gegenüber den Deutschen konnte eine litauische Nationalbewegung als politischer Keil gegen die Polen verwendet werden. 1905 ließ die russische Regierung unter dem Druck der revolutionären Unruhen gar einen litauischen Landtag und die Entsendung litauischer Vertreter in die Duma zu.

Die litauische Nationalbewegung wiederum musste die wohlwollende Duldung ihrer Aktivitäten durch die russische Regierung mit Vorsicht aufnehmen. Die russische Regierung sah zwar die Polen als den eigentlichen Feind und die Litauer als Mittel zu deren Bekämpfung an, fasste aber gleichzeitig die auf ehemals litauischem Territorium lebenden Weißrussen als Russen, d. h. als Mitglieder der orthodoxen Gemeinschaft auf. Der kulturellen Toleranz des Litauertums stand deshalb eine Kirchenpolitik gegenüber, die auf die Fakten der früheren litauischen Territorialstaatlichkeit keine Rücksicht nahm und sich vor allem als Angriff auf die Unierte Kirche äußerte. Diese, ein Produkt der polnisch-litauischen Kirchen- und Unifizierungspolitik des 16. Jahrhunderts gegenüber der orthodoxen Bevölkerung in den litauischen Gebietes des Reiches (Union von Brest 1595/96), sollte nun unter nationalrussischen Vorzeichen zertrümmert und in die Russisch-Orthodoxe Kirche eingegliedert werden. Nach der ersten und zweiten Teilung Polen-Litauens (1772, 1793) versuchte die russische Regierung, die ehedem litauischen, u. a. von Mitgliedern der Unierten Kirche bevölkerten weißrussischen Gebiete durch die Stärkung der orthodoxen Kirchenorganisation für die Orthodoxe Kirche zu gewinnen. Das gelang jedoch nur anfänglich. Als die Unierten in den Verdacht gerieten, mit dem Aufstand von 1831 in Verbindung zu stehen, wurde ihre Kirche gewaltsam zerschlagen. Geistliche und Gläubige wurden zwangskonvertiert, der Gebrauch der weißrussischen Sprache verboten. Ein beträchtlicher Teil der Unierten emigrierte außerdem in die Westukraine (Galizien, Habsburgermonarchie), wo ihre Kirche unter habsburgischer Herrschaft weiterexistierte und die Glaubensgenossen in Russland unterstützte. Ein Teil der Unierten wanderte aber auch in andere europäische Länder oder die USA aus und versuchte, von dort aus zu helfen. Im Untergrund weiterexistierende Reste der Unierten Kirche in Russland konvertierten nach dem kaiserlichen Toleranzmanifest von 1905, das den Übertritt zu anderen Glaubensgemeinschaften unter bestimmten Bedingungen erlaubte, zur Römisch-Katholischen Kirche. Das russische Assimilierungsprojekt war also nur teilweise erfolgreich gewesen und hatte nach 1863 außerdem eine weißrussische Nationalbewegung zum Leben erweckt. Gleichzeitig aber waren die Gebiete der Unierten Kirche für den territorial denkenden Teil der litauischen Nationalbewegung für immer verloren.

Die Industrialisierung setzte in den litauischen Gebieten erst spät ein. Agrarreformen wurden in einem Großteil der litauisch besiedelten Gebiete nicht vor der allgemeinen russischen Bauernbefreiung von 1861 durchgeführt. Und selbst dort, wo die Bauernbefreiung früher stattfand – in den ostpreußisch-kleinlitauischen Gebieten (zwischen 1807 und 1850) und in der Suvalkija (1807) – gingen von ihr nur schwache Impulse für eine Industrialisierung aus. Dies hatte auch damit zu tun, dass ein finanzkräftiges Bürgertum wie in den Ostseeprovinzen weitgehend fehlte. Der litauische Adel, der die Rolle des Bürgertums teilweise hätte übernehmen können, war durch die Repressionen der russischen Regierung politisch und durch die Bauernbefreiung wirtschaftlich so geschwächt, dass ein industrieller *take-off* und eine Urbanisierung ausbleiben mussten. Entsprechend klein war die Zahl der Arbeiter, und entsprechend schwach musste eine Arbeiterbewegung ausfallen. Zwar entstand 1895 eine «Litauische Sozialdemokratische Partei», der in der historischen Forschung der Sowjetunion große Aufmerksamkeit gewidmet wurde. Ihre Rolle muss jedoch, nachdem marxistisch-historische Dogmen obsolet geworden sind, neu bewertet werden. Auffällig ist jedenfalls, dass sie heutzutage auch als politischer Arm des litauischen Nationalismus gesehen werden kann, indem litauische Historiker darauf hinweisen, sie habe bereits 1899 die politische Autonomie der Litauer in einer russländischen Föderation unter gleichberechtigten Volksgruppen gefordert.

Lettgallen: Anfänge einer Assimilierungspolitik Lettgallens von Seiten der russischen Regierung reichen bis in die Regierungszeit Katharinas II. (1762–1796) zurück. Nach dem polnischen Aufstand von 1830/31 setzten Russifizierungskampagnen ein, die im Wesentlichen dem Muster in den litauischen und weißrussischen Gebieten folgten und sich vor allem gegen die privilegierte Stellung der polnisch-litauischen Adligen und der katholischen Geistlichkeit in den lettgallischen Gebieten richtete. Sie hatten jedoch nur begrenzte Wirkungen und mündeten nach der Bauernbefreiung von 1861, ähnlich wie bei den Litauern, in eine Nationalbewegung. In Lettgallen, wo die bäuerliche Schicht aus einer lettischsprachigen Bevölkerung bestand, die die Bauernbefreiung der Letten in den Ostseeprovinzen zu Beginn des 19. Jahrhunderts und die dortige Entwicklung einer lettischen Nationalbewegung hatte mitverfolgen können, wirkte die Bauernbefreiung von 1861 als Startsignal zum nationalen Selbstbekenntnis. Dieses äußerte sich umso stärker, als die Wirkungen der Bauernbefreiung in der Praxis durch das russische System der kollektiven Bauerngemeinde (*obščina*) begrenzt blieben. Publikationen in lateinischer Schrift wurden 1865 wie im übrigen Nordwestgebiet verboten. Andererseits war der Druck lettischer Texte in Frakturschrift, wie sie in Livland und Kurland benutzt wurde, nicht untersagt. Die lettischsprachige schreib- und lesekundige Bevölkerung rettete sich deshalb in Frakturmanuskripte und verlegte sich auf den Schmuggel lettischsprachiger Bücher aus Preußen und den lettischsprachigen Gebieten der Ostseeprovinzen. Gleichzeitig bewahrten die Lettgaller ihre spezifische Identität, Sprache und Kultur. Sie wurden zunächst durch den Katholizismus, durch katholische Gebetbücher in lettischer Sprache und katholische Schulen erhalten und gefördert. Gegen Ende des 19. Jahrhunderts bildete sich an den Reichsuniversitäten und am St. Petersburger Katholischen Seminar eine lettgallische Intelligenz heraus, die sich einem lettgallischen nationalen Erwachen verschrieb. Als 1904 das Druckverbot für Publikationen in lateinischer Schrift aufgehoben wurde, erschienen in schneller Folge lettgallische Zeitungen, Zeitschriften und Bücher. Lettgallische Schulen, ökonomische Gesellschaften, Theatergruppen u. a. wurden gebildet. Dabei spielte die lettische katholische Geistlichkeit eine zentrale Rolle.

Juden: Das Nordwestgebiet war Teil des jüdischen «Ansiedlungsrayons», der unter Katharina II. (1762–1796) zur Kontrolle der jüdischen Bevölkerung des Reiches geschaffen worden war. Hier entwickelte sich seit dem ausgehenden 18. Jahrhundert eine jüdische Aufklärung (*Haskala*), die weit über die Grenzen des litauischen Judentums hinauswirkte und im

19. Jahrhundert in Teilen des Judentums ein jüdisches Nationalbewusstsein entstehen ließ. Dieses hatte seinen Grund auch in der kaiserlichen Politik gegenüber den Juden. Seit Nikolaus I. (1825–1855) nahmen rechtliche Diskriminierungen zu, die einerseits einen latenten Antisemitismus in der nichtjüdischen Bevölkerung anheizten und zu Pogromen führten, andererseits eine verstärkte Auswanderung von Juden nach Amerika und später auch nach Palästina zur Folge hatten. Die Gesetze nach der Oktoberrevolution von 1917 hoben die Diskriminierungen zwar formalrechtlich auf, beendeten jedoch nicht antijüdische Aktionen der Regierung und der nichtjüdischen Bevölkerung.

Kleinlitauen: Die schätzungsweise 100 000 Litauer in Ostpreußen hielten sich zur litauischen Bewegung in Russland in wohlwollender Distanz und verschrieben sich einem nach Preußen hin offenen Regionalismus mit spezifischen ethnischen Merkmalen. Industrialisierung und Urbanisierung erreichten Ostpreußen wie das russländische Nordwestgebiet spät und spärlich. Und damit waren auch die für das Aufkommen einer nationalen Bewegung entscheidenden Prozesse moderner Kommunikation (Eisenbahn, Telegraf, Presse) nur schwach ausgebildet. Eine gewisse Ausnahme bildete Tilsit (lit. Tilže, heute russ. Soveck), wo sich ein Zentrum der kleinlitauischen Kultur herausbildete. Die traditionelle Loyalität zum preußischen Thron, vor allem aber die religiöse Gemeinschaft (Evangelische Kirche, pietistische Gemeinschaftsbewegung *Surinkimininkai*) und die fortschreitende sprachliche Assimilation gegenüber der deutschen Bevölkerung Ostpreußens erschwerten eine Annäherung an die katholisch-litauische Nationalbewegung. Dennoch gingen von der litauischen Bewegung in Ostpreußen wichtige Impulse für die litauische Nationalbewegung im Russischen Reich aus. Möglicherweise konnte sich die litauische Bewegung in Ostpreußen gerade aufgrund ihrer loyalen Haltung zur preußischen Krone und einer im Gegenzug toleranteren Haltung der Regierung ruhiger, intensiver und unbehelligt von *Risorgimento*-Vorstellungen entwickeln. Jedenfalls waren hier seit dem Ende des 18. Jahrhunderts mit den Schriften von Kristijonas Donelaitis (* 1714, † 1780) eigene kulturelle Bestrebungen im Gange. 1879 wurde in Tilsit die «Litauische Literärische Gesellschaft» gegründet. Seit 1883 erschien dort die für die litauische Bewegung im Russischen Reich wichtige Zeitschrift «Aušra» unter der Redaktion des aus der Suvalkija stammenden litauischen Aktivisten Jonas Basanavičius (*1851, †1927) und seiner Mitarbeiter. Parallel dazu setzte im 19. Jahrhundert eine Germanisierungspolitik ein, die ihren vorläufigen Höhepunkt mit dem Verbot der litauischen Sprache in den Schulen im Jahre 1873 erreichte. Sie führte zur Verminderung der sich selbst als «litauisch» identifizierenden Bevölkerung. Während 1736 noch 80% der Bewohner in den Gebieten Klaipėda (dt. Memel), Tilžė, Ragainė (dt. Ragnit), Îsrutis (dt. Insterburg, heute russ. Černjachovsk) und Labiau (heute russ. Polessk) angaben, «Litauer» zu sein, waren es 1837 nur noch 33% und 1900 gar nur 20%.

3. Revolutionen und Erster Weltkrieg

Im Gefolge der Revolution von 1905 in Russland traten die Nationalbewegungen der Esten, Letten und Litauer erstmals ins Licht einer breiteren Öffentlichkeit. Hintergrund der Unruhen waren die wachsende Unzufriedenheit der Arbeiter in den großen Städten im Rahmen der Hochindustrialisierung, sich häufende Streikwellen seit den 1890er Jahren und die unter dem Eindruck der *Zemstvo*-Bewegung (lokale Selbstverwaltungsorgane) wachsende Tendenz zum Reichskonstitutionalismus. Der eigentliche Auslöser der Revolution in den Ostseeprovinzen und im Nordwestgebiet waren allerdings unpopuläre Rekrutierungen für den Krieg gegen Japan (1903–1906), die nach Einführung der allgemeinen Wehrpflicht erstmals auch die estnische, lettische und litauische Bevölkerung trafen.

Während die Revolution in St. Petersburg im Januar 1905 losbrach, begannen die Unruhen im Großraum Riga und im Gouvernement Kurland bereits Ende 1904, von wo sie sich in die übrigen Gebiete der Ostseeprovinzen ausbreiteten und den Charakter eines Krieges gegen die deutschen Pastoren und Gutsbesitzer annahmen, der erst 1907 beendet wurde. Im Laufe der Auseinandersetzungen wurden rund 200 Güter verwüstet. In Reaktion darauf schlugen der spontan gebildete *Selbstschutz* der Gutsbesitzer und die kaiserliche Regierung die Bewegung mit militärischer Gewalt nieder, die ihrerseits Hunderte von Aufständischen das Leben kostete und Tausende in die Verbannung nach Sibirien zwang. Die Motive für die Unruhen waren vielfältiger Art. Die Aufständischen erhoben Forderungen sowohl nach sozialer Gerechtigkeit und Demokratisierung wie auch nach nationaler Befreiung.

Mit dem kaiserlichen Manifest vom 17. Oktober 1905 über die konstitutionellen Rechte bildeten sich in Estland verschiedene Parteien und Gewerkschaften. Von den Parteien waren die Nationalliberalen und die Sozialdemokraten (besonders in Livland) am einflussreichsten. Die Parteiprogramme blieben vielfach personengebunden und spiegelten eher die Interessen bestimmter Klientelgruppen denn einer Mehrheit der Bevölkerung wider, stellten aber ein gutes Abbild für die sich entwickelnden Machtverhältnisse innerhalb der estnischen und lettischen Bevölkerung dar. Die politische Reichweite der estnischen und lettischen Parteien blieb in der Zeit vor dem Ersten Weltkrieg auf einige Städte und zentrale Personen begrenzt. Zwar saßen in der russischen Reichsduma auch Vertreter aus Estland, Livland und Kurland. Doch mussten sich die Esten und Letten die Plätze dort mit den wesentlich einflussreicheren deutschen Vertretern aus Adel und Bürgertum teilen.

Die St. Petersburger Regierung versuchte zwischen 1905 und 1914, den Einfluss der deutschen Oberschicht in den Ostseeprovinzen weiter einzudämmen, die Esten und Letten in ihrem Kampf gegen die deutsche Oberschicht zu unterstützen und gleichzeitig die Russifizierung der Ostseeprovinzen voranzutreiben. Dies gelang kaum, hatte jedoch immerhin den Effekt, dass Esten und Letten während des Ersten Weltkriegs trotz hoher Menschenverluste im Kampf gegen das Deutsche Reich mit der St. Petersburger Regierung zusammenarbeiteten. Als Gegenleistung erwarteten die Esten und Letten – vergeblich – mehr Autonomierechte im Rahmen eines föderal konzipierten künftigen Kaiserreiches.

In den litauischen Gebieten waren es die Arbeiter, die sich in der Sozialdemokratie organisierten. Die «Litauische Demokratische Partei» (gegr. 1902) vertrat vor allem Bauern, kleine Handwerker, Gewerbetreibende und Landarbeiter. Damit folgte die litauische Bevölkerung im Wesentlichen dem polnischen Muster. Die konservativen Parteien (Bauernpartei, Christdemokraten) repräsentierten den Adel und die Bauern, je nach Landstrich national unterschieden, die Nationalliberalen die Intelligenz. Sie sollten das politische Rückgrat der Staaten Estland, Lettland und Litauen nach dem Ersten Weltkrieg bilden.

In den Ersten Weltkrieg wurden die baltischen Länder in unterschiedlichster Weise hineingezogen. Als im August und Spätherbst 1914 russische Truppen in Ostpreußen einbrachen, wurden Litauer aus dem Russischen Reich in Kämpfe mit Kleinlitauern gezwungen. Als nach der Winterschlacht an den Masurischen Seen (6.–15.2.1915) der «große Vormarsch» deutscher Truppen nach Nordosten eingesetzt hatte, gerieten im August und September 1915 u. a. litauische Gebiete mit Kaunas und Vilnius sowie Kurland unter deutsche Besatzung. Jetzt trafen deutschjüdische auf ostjüdische, reichsdeutsche auf deutschbaltische und erneut kleinlitauische auf russisch-litauische Soldaten. Bis zur russischen Februarrevolution 1917 blieben weitere Kriegshandlungen aus. Die besetzten Gebiete – außer den genannten auch Teile Weißrusslands – wurden unter dem Oberbefehlshaber Ost (General Paul von Hindenburg) zum «Land Ober-Ost» zusammengefasst und erhielten unter General Erich Ludendorff (* 1865, † 1937) die Form eines «deutschvölkischen» Vasallenstaates, in dem die angeblich jahrhundertealte «deutsche Kulturarbeit» zu Ende geführt werden sollte. Die rund drei Millionen Einwohner nichtdeutscher Herkunft (Litauer, Letten, Polen, Russen, Tataren, Juden, «Weißruthenen»/Weißrussen, nach dem deutschen Vormarsch im Januar/Februar 1918 auch Esten) wurden nun «deutscher Arbeit» und der sog. «Verkehrspolitik» unterworfen – Euphemismen für eine rigorose Ausbeutung der Wirtschaftskraft und Umwertung der Kultur der «Fremdvölkischen», die sich nach Meinung der deutschen Führung nicht selbst regieren konnten. Trotz der erbarmungslosen Ausrichtung auf die Zwecke der deutschen Militärherrschaft gewann die «Ober-Ost»-Politik auch für die zukünftig souveränen baltischen Staaten eine politische Bedeutung. So fasste beispielsweise eine «Verwaltung Litauen» die unter russischer Herrschaft administrativ getrennten, mehrheitlich litauisch besiedelten Gebiete um Kaunas (poln. Kowno, russ. Kovno) und die westlichen Teile des russländischen Gouvernements Vil'na bereits vor der Staatsgründung zusammen und schuf so territorial-administrative Voraussetzungen zur staatlichen Vereinigung der litauischen Gebiete im Jahre 1918.

VI. Die «baltischen Staaten» im 20. Jahrhundert

1. Staatliche Unabhängigkeit (1918–1940)

Internationale Entwicklungen: Das Ende des Ersten Weltkriegs im Nordosten, die Niederlage des russländischen und deutschen Kaiserreiches, schufen die Rahmenbedingungen für die Bildung der unabhängigen Staaten Estland, Lettland und Litauen. Am 30. März 1917 gab die russische Provisorische Regierung dem Drängen der estnischen Nationalbewegung nach, fasste das Gouvernement Estland und den nördlichen Teil des Gouvernements Livland zusammen und vereinigte auf diese Weise erstmals den allergrößten Teil der Esten in einer neuen politischen Einheit, in der ein frei gewählter Landtag (*Maapäev*) und ein Gouvernementskommissar die obersten (autonomen) Organe darstellten. Von da an überschlugen sich die Ereignisse. Am 5. Juli 1917 garantierte die Provisorische Regierung den Ostseeprovinzen politische Autonomie. Am 3. September 1917 besetzten deutsche Truppen Riga. Kurze Zeit später, zwischen dem 9. und 20. September, eroberten Bol'ševiki-freundliche Truppen das (Rest-)Gouvernement Livland.

Nachdem die Bol'ševiki während der Oktoberrevolution 1917 in Petrograd die Macht übernommen hatten, konnte auch in Estland und Lettland nichts mehr die revolutionäre Welle aufhalten. Als der estnische *Maapäev* am 28. November 1917 in Reval (estn. Tallinn) zusammentrat, wurde er von den Bol'ševiki auseinandergejagt. Am 20. Dezember 1917 proklamierten die Bol'ševiki ein «freies Lettland in einem freien Russland» – die kurzlebige autonome lettische Sowjetregierung innerhalb der Russischen Sowjetrepublik. Um den deutschen Forderungen gegenüber den Bol'ševiki im Vorfeld des Friedens von Brest-Litovsk Nachdruck zu verleihen, befahl die deutsche Oberste Heeresleitung den Vormarsch im Baltikum. Der *Maa-*

päev hatte sich vor seiner Auflösung zur höchsten Gewalt in Estland erklärt und einem «Ältestenrat» weit gehende Machtbefugnisse erteilt. Ein vom Ältestenrat eingesetztes «Rettungskomitee» mit Konstantin Päts (* 1874, † 1956) an der Spitze erklärte am 24. Februar 1918 – kurz nachdem die Bol'ševiki Reval verlassen hatten und bevor deutsche Truppen einmarschierten – Estlands Unabhängigkeit und Neutralität hinsichtlich des deutsch-russischen Krieges. Der deutsch-russische Separatfriede von Brest-Litovsk am 3. März 1918 und die Zusatzverträge vom 27. August 1918 zwangen Russland, die Ostseeprovinzen aufzugeben. Gleichzeitig aber akzeptierte die deutsche Regierung weder die Unabhängigkeit noch die Neutralität Estlands, Lettlands und Kurlands. Am 12. April 1918 fasste der vereinigte Landesrat, das Gremium der ritterschaftlichen Landesversammlungen Estland, Livlands und Kurlands, den Entschluss, den deutschen Kaiser um die Errichtung eines in Personalunion mit dem preußischen König verbundenen «Baltischen Staates» zu bitten. Es blieb bei einer Proklamation. Nach der Niederlage des Deutschen Reiches am 11. November 1918 widerrief Sowjetrussland den Vertrag von Brest-Litovsk. Am 18. November 1918 proklamierte ein tags zuvor gebildeter lettischer Volksrat (*Tautas Padome*) mit Kārlis Ulmanis (* 1877, † 1940) als Premierminister einen unabhängigen Staat, der die Letten Livlands, Kurlands und Lettgallens vereinigte. Einen Tag später bildeten die Esten erneut eine provisorische Regierung. Am 28. November 1918 marschierten sowjetische Truppen in Estland ein und lösten damit den estnischen Freiheitskrieg aus. Die Esten unter General Johan Laidoner (* 1884, † 1953) wehrten sich erbittert, unterstützt u. a. von Großbritannien, Finnland, Schweden, Dänemark, Frankreich, den USA und antisowjetischen russischen Truppen, sodass die sowjetischen Truppen im Frühjahr 1919 Estland räumen mussten. Im April 1919 fanden in Estland freie Wahlen zu einer Konstituierenden Versammlung statt, die eine Landreform (10.10.1919) und eine Verfassung (15.6.1920) verabschiedete. Im Juni/Juli 1919 schlugen estnisch-lettische Truppen unter Laidoners Führung die über Riga nach Norden vordringenden reichsdeutschen

Truppen unter Graf Rüdiger von der Goltz (*1865, †1946) und der deutschbaltischen Landeswehr in Nordlettland. Der Sieg bei Cēsis (estn. Võnnu, dt. Wenden) am 23. Juni 1919 ist bis heute ein nationaler Feiertag («Siegestag»). Im Oktober 1919 startete eine antisowjetische Armee unter General Nikolaj N. Judenič (*1862, †1933) vom estnischen Territorium aus einen Angriff auf Petrograd (vor 1914: St. Petersburg), erlitt jedoch eine Niederlage. Den sowjetischen Gegenangriff konnte die estnische Armee an der eigenen Ostgrenze im Dezember 1919 abwehren. Da Moskau auf einen Friedensschluss mindestens ebenso sehr angewiesen war wie Tallinn, erkannte die Sowjetregierung die Unabhängigkeit Estlands im Friedensvertrag von Tartu (dt. Dorpat) am 2. Februar 1920 an.

Unterdessen hatten am 17. Dezember 1918 lettische und russische Bol'ševiki in Reaktion auf die Unabhängigkeitserklärung Lettlands (18.1.1918) in Rīga eine lettische Sowjetrepublik proklamiert. Am 22. Mai 1919 gelang es deutschen und lettischen antisowjetischen Truppen mit Duldung der Alliierten, die Bol'ševiki aus Rīga zu vertreiben. Obwohl zu diesem Zeitpunkt der Friedensvertrag von Versailles bestimmte, dass die Deutschen sich zurückzuziehen hatten, besetzte eine Truppe unter von der Goltz im Juni 1919 Rīga. Ende Juni war Rīga jedoch schon wieder in der Hand der Letten. Im Oktober 1919, parallel zu Judenič Angriff, versuchten die russischen Bermondt-Avalov-Truppen, Rīga zu erobern, wurden aber von Letten, Briten und estnischen Panzerzügen daran gehindert. Am 11. August 1920 schließlich unterzeichneten Lettland und Russland in Rīga einen Friedensvertrag, in dem Russland die Unabhängigkeit Lettlands anerkannte. Dieser Tag wurde zum lettischen Nationalfeiertag.

Die litauischen Gebiete erklärten am 16. Februar 1918 ihre staatliche Unabhängigkeit (heute nationaler Feiertag – «Unabhängigkeitstag»). Nachdem diese unter Zugeständnissen an die deutsche Regierung am 23. März 1918 vom deutschen Kaiser anerkannt worden war, proklamierte der von der deutschen Besatzungsmacht kontrollierte litauische Landesrat (*Lietuvos Taryba*) unter Antanas Smetona (*1874, †1944) ein Königreich

Litauen mit der Hauptstadt Vilnius und bot den Thron Wilhelm von Urach (* 1864, † 1928) an, der am 11. Juli 1918 als Mindaugas II. zum König von Litauen gewählt wurde, dessen Thronbesteigung jedoch die deutsche Militärregierung verhinderte. Im Vorfeld der deutschen Niederlage allerdings rief die *Taryba* am 2. November 1918 die unabhängige Republik aus. Nach der deutschen Niederlage am 11. November 1918 und dem Ende der deutschen «Ober-Ost»-Militärverwaltung in Litauen am 26. Dezember 1918 marschierten erneut sowjetische Truppen ein, besetzten Anfang Januar 1919 Vilnius und proklamierten am 5. Januar 1919 eine Sowjetrepublik Litauen. Währenddessen organisierte Smetona in Kaunas (poln. Kowno, russ. Kovno) den nationalen Widerstand. Dabei kämpfte er allerdings nicht nur gegen die Bol'ševiki, sondern auch gegen die «Eiserne Division», die den deutschen Einfluss in der Region erhalten wollte. Am 4. April 1919 nahm die *Taryba* eine vorläufige Konstitution über Parlaments-(*Seimas*)-Wahlen an. Am 19. April vertrieben polnische Truppen die sowjetische Besatzungsmacht aus Vilnius, reklamierten die Stadt aber als polnischen Besitz. Als jedoch die Alliierten im Dezember 1919 die litauisch-polnische Grenze festlegten, musste Polen Vilnius wieder an Litauen zurückgeben. Die Kämpfe gegen Sowjetrussland gingen unterdes weiter, bis die sowjetische Regierung im Moskauer Friedensvertrag vom 12. Juli 1920 die Unabhängigkeit Litauens bestätigte. Am 7. Oktober 1920 räumte Polen Vilnius und erkannte es als Hauptstadt Litauens an. Zwei Tage später allerdings nahm eine polnische Plünderertruppe unter General Lucian Zeligowski (* 1865, † 1947) Vilnius im Handstreich, setzte eine provisorische Regierung ein und organisierte einen «Volksentscheid», der Vilnius als polnische Stadt anerkannte.

Durch die Friedensverträge war die territoriale Grundlage für die Unabhängigkeit der baltischen Staaten geschaffen. Deren internationale Anerkennung folgte durch zahlreiche bilaterale Verträge in den Jahren 1920–1922. Multilaterale Bestätigung fand sie durch die Aufnahme Estlands, Lettlands und Litauens in den Völkerbund 1921.

Politische Entwicklungen: Die Zwischenkriegszeit war in Estland und Lettland vor allem vom Aufbau einer republikanischen Staatsordnung unter Führung der Titularnationen geprägt. In Estland lag nach der Verfassung von 1920 die Legislative beim Parlament (*Riigikogu*), das alle drei Jahre allgemein und geheim gewählt wurde. Der Ministerpräsident mit dem Titel *Riigivanem* (Staatsältester) fungierte als eine Art *primus inter pares* zugleich als Staatsoberhaupt. Die Staatsbürger konnten ihren Willen durch Wahlen, Referenden und Gesetzesinitiativen äußern. In den 1920er Jahren gewannen die konservativen und bürgerlichen Parteien auf Kosten der sozialdemokratischen Vertreter erheblichen Zulauf. Die illegale Kommunistische Partei Estlands, deren Putschversuch mit Hilfe der Komintern am 1. Dezember 1924 scheiterte, versank dagegen in die Bedeutungslosigkeit. Die Basis der radikalen rechten Parteien (seit 1932) bestand aus lose organisierten Veteranen des Unabhängigkeitskrieges unter der Führung von Artur Sirk (seit 1926), die ab 1932 eine Art Partei bildeten und sich ideologisch am italienischen Faschismus orientierten. Ihr wachsender Einfluss wurde am 12. März 1934 durch einen von Konstantin Päts und Johan Laidoner organisierten unblutigen Staatsstreich eingedämmt und das demokratische Regierungssystem durch ein autoritäres Regime ersetzt. Während der nachfolgenden «Periode des Schweigens» hatten Parlament und Parteien keine Stimme mehr, politische Rechte und die Pressefreiheit wurden beschnitten und die Opposition eingeschränkt. Die gesetzgebende Macht lag nun allein in der Hand des Staatsoberhauptes Konstantin Päts. Zu seiner Unterstützung gründete Päts die Sammlungspartei «Vaterlandsbund» (*Isamaaliit*), schuf mehrere von ihm gelenkte Körperschaftsinstitutionen und propagierte in der Öffentlichkeit das Ideal der estnisch-nationalen Einheit und des inneren Friedens. Eine mögliche Unzufriedenheit mit dem neuen politischen System sollte durch Wirtschaftswachstum ausgeglichen werden. 1938 trat eine neue Verfassung in Kraft, die ein Zweikammerparlament vorsah, das zu weiten Teilen vom Präsidenten abhängig war. Die Parlamentswahlen vom Februar 1938 begünstigten die Partei der früheren Regierung. Im April 1938 wurde Päts zum Präsidenten gewählt. Nachdem sich die Situation stabilisiert hatte, gewährte er den Kommunisten und Veteranen eine Amnestie.

Lettland besaß bis 1934 eine Verfassung (1922) und ein politisches System, die große Ähnlichkeiten mit denen der Weimarer Republik aufwiesen. Ein Verhältniswahlrecht und das Fehlen großer Volksparteien führten zu Parteienvielfalt (1931 waren im Parlament 27 Parteien vertreten) und ständig wechselnden Regierungen (18 in 14 Jahren). Ähnlich wie in Estland wurden die Aushebelung der Verfassung, die Auflösung des Parlaments (*Saeima*) und der Übergang zum autoritären System unter dem Zentrumsvertreter (Bauernpartei) und mehrfachen früheren Ministerpräsidenten Kārlis Ulmanis im Jahre 1934 mit der Gefahr eines Putsches von rechts oder links, vor allem durch die lettisch-nationalsozialistische «Pērkonkrusts»-(«Donnerkreuz»-)Bewegung, begründet. Wie in Estland waren die Kaltstellung der Parteien, die Beschneidung der Pressefreiheit und die Arretierung der Opposition die politischen Folgen, wobei allerdings eine stärkere nationalistische Agitation («Lettland den Letten») als in Estland zu beobachten war.

In Litauen sah die Verfassung von 1922 eine starke Legislative, eine schwache Exekutive, ein Mehrparteien- und ein Verhältniswahlsystem vor. Damit wurde die *Taryba* durch das Parlament (*Seimas*) ersetzt. Drei Parteien, die Sozialdemokraten, die linksliberalen Volkssozialisten und die konservativen Christdemokraten, bestimmten das Parteienspektrum, in dem bis 1926 die den Bauernbund und die nichtmarxistischen Arbeiter repräsentierenden Christdemokraten klar dominierten. Als am 16. und 17. Dezember 1926 Armeeoffiziere putschten, wurde Antanas Smetona von einem Rumpfparlament aus Christdemokraten zum Präsidenten gewählt. Ministerpräsident wurde Augustinas Voldemaras (* 1883, † 1942), der in drei Jahren ein autoritäres Regime etablierte, das die Entwicklungen in Estland und Lettland antizipierte. Smetona wurde dabei wie Päts in Estland durch eine von ihm gegründete nationalistische Partei *Tautininkai* unterstützt.

Der einer typischen europäischen Entwicklung der Zwischenkriegszeit folgende Übergang zu autoritären Regimen war trotz der überragenden Bedeutung bestimmter Persönlichkeiten keine isolierte Großtat einzelner Politiker, sondern hatte wirtschaftliche, kulturelle und außenpolitische Hintergründe, die beachtet werden müssen, will man den Wandel der Macht- und Gesellschaftsverhältnisse in den baltischen Staaten in den 1930er Jahren verstehen.

Wirtschaft: In der Wirtschaft wirkten sich besonders die Agrarreformen, die Weltwirtschaftskrise und die enge Anlehnung an den Handelspartner Deutschland zugunsten einer konservativ-autoritären Regierungsform aus. Die Agrarreformen zu Beginn der 1920er Jahre (Landverteilung) begünstigten die Kleinbauern und das bäuerliche Genossenschaftswesen und führten zu einem langsamen Anwachsen der landwirtschaftlichen Produktion in den 1920er Jahren. In Estland spezialisierten sich die Bauern besonders auf eine für den Export bestimmte Butter- und Speckproduktion, die hauptsächlich auf Nord- und Westeuropa ausgerichtet war, während der Handel mit der Sowjetunion instabil blieb. Seit 1924 konzentrierte man sich stärker auf den Binnenmarkt. Die 1930er Jahre waren durch groß angelegte Ameliorationen und eine Erhöhung der Getreideproduktion gekennzeichnet. Zu Beginn der 1920er Jahre unternommene Versuche, eine estnische Schwer- und Exportindustrie zu etablieren, scheiterten. Erfolgreich dagegen verlief der Aufbau einer Ölschieferindustrie, der Ausbau des Eisenbahnnetzes und der Lebensmittel-, Holz-, Papier- und Zellulose-, Textil-, Metall- und Zementproduktion. 1928 wurde die Krone als gesetzliches Zahlungsmittel eingeführt und durch Goldreserven abgesichert. Die Weltwirtschaftskrise erreichte ihren Höhepunkt in Estland 1932. Dabei sank die Produktion, vor allem im Export, um rund ein Drittel. Ein Aufschwung zeichnete sich erst seit 1934 ab, als die Regierung stärker in die Wirtschaft eingriff und deutsches Kapital einspeisen konnte. Dadurch wuchsen die Produktionsziffern in der Ölschiefer-, Zellulose-, Phosphorit- und Bauindustrie rasch an. Inzwischen produzierten moderne Fabriken auch Güter, die in den 1920er Jahren noch hatten eingeführt werden müssen. 1937 wurde Deutschland Estlands wichtigster Handelspartner.

In Lettland machte die Wirtschaft eine ganz ähnliche Entwicklung durch. Auch hier waren Butter und Speck die Hauptagrarprodukte, die über den Export den Weg in eine positive Handelsbilanz ebneten. In der Industrie dominierten Holz und Flachs als Rohprodukte. Aber auch die Schwerindustrie, Baumaterialien, Elektrizität, Tabak, Brauereiwesen, Textilien, Versicherungen und Lebensmittelproduktion spielten eine wichtige Rolle. Die Produktion landwirtschaftlicher Maschinen wurde so stark ausgebaut, dass Estland mitversorgt werden konnte. Der Lat war als lettische Währung (seit 1922) relativ stabil und wurde durch Goldreserven im Ausland abgesichert. Eine niedrige Inflation, geringe Auslandsschulden und eine interventionistische Wirtschaftspolitik sorgten bis in die 1930er Jahre für eine gewisse Prosperität des Landes, brachten aber wie in Estland eine hohe Politisierung des Wirtschaftssektors mit sich.

In Litauen, wo zu Beginn der 1920er Jahre ebenfalls eine Agrarreform durchgeführt wurde, war die Agrarpolitik von Anfang an stark vom Staat bestimmt. Er war der Hauptinvestor und rief eine Kooperativenbewegung ins Leben. Ähnlich wie in Estland und Lettland dominierte die Molkerei- und Fleischproduktion die Landwirtschaftsexporte, die nahezu die einzigen Devisenquellen des Landes darstellten. Anders als in den Nachbarländern spielte die Industrie kaum eine Rolle. Nach dem Putsch von 1926 verstärkte sich der Hang zum Wirtschaftsprotektionismus, der zwar von einer starken Währung (Litas – seit 1922), aber einer konservativen staatlichen Finanzpolitik gekennzeichnet war, die der Entwicklung eines liberalen Marktes wenig Spielräume ließ.

Kultur: Die Kultur der Zwischenkriegszeit war durch zwei teilweise gegensätzliche Entwicklungen bestimmt. Einerseits erlebte die Kultur der Titularnationen einen beispiellosen Aufschwung, andererseits stellte die Minderheitenfrage eine schwere Belastung für den Fortbestand der baltischen Staaten im Rahmen der internationalen Gemeinschaft dar. Um das Estnische, Lettische und Litauische als Wissenschafts- und Literatursprachen weiterzuentwickeln, steckten die neuen Regierungen viel

Energie und Enthusiasmus in den Ausbau estnischer, lettischer und litauischer Bildungsinstitutionen und kultureller Einrichtungen. In Estland spielte die 1919 als Nationaluniversität wieder eröffnete Universität Tartu von Anfang an eine herausragende Rolle. Die Letten verwandelten das bestehende Rīgaer Polytechnikum in die «Universität Lettlands». Litauische Universitäten mussten zu Beginn der 1920er Jahre erst wieder geschaffen werden. Die Universitäten bildeten die Grundlage zur Ausdifferenzierung eines jeweils nationalen Bildungswesens und des Anschlusses von Wissenschaft und Kunst an andere europäische Länder. Dies galt insbesondere für Litauen, wo nach dem Ersten Weltkrieg fast ein Drittel der Bevölkerung aus Analphabeten bestand und nur wenige Sekundarschulen existierten. Neben der Bildungspolitik spielten Kunst und Literatur eine zentrale Rolle. Viele Klassiker der estnischen, lettischen und litauischen Nationalkultur entstanden in der Zwischenkriegszeit und schufen damit wichtige Voraussetzungen zur Entstehung einer nationalen Identität auf breiter Grundlage.

Dieser standen die Rechte und Kulturen der Minderheiten gegenüber, die in den baltischen Staaten unterschiedlich gehandhabt wurden. In Estland war die kulturelle Autonomie der rund 10% der Gesamtbevölkerung stellenden ethnischen Minderheiten (Russen, Deutschbalten, Schweden, Juden u.a.) mit der Verfassung von 1920 grundsätzlich gesichert, und das «Gesetz über die kulturelle Selbstverwaltung der Minderheiten» von 1925 garantierte ihnen die Bewahrung ihrer Sprache, eigene Schulen und andere kulturelle Institutionen. Kirche und Wohlfahrtswesen waren jedoch Sache des Gesamtstaates. In Lettland bestand die Bevölkerung aus rund 25% Minderheiten (Russen, Juden, Deutschbalten, Polen u.a.). Sie waren bereits durch die Unabhängigkeitserklärung von 1918 prinzipiell geschützt und erlangten durch ein von Deutschbalten und Juden lanciertes Gesetz über die Schulautonomie der Minderheiten von 1919 Gesetzeskraft. Seit 1923 wurden die Autonomierechte jedoch immer stärker beschnitten. Zwischen 1931 und 1933 kam es zu einem regelrechten Kulturkampf zwischen lettischen Nationalisten und Minderheitenvertretern. Er endete zwar 1933 mit einem vorläufigen Sieg der Minderheiten, mündete aber mit dem Übergang zum autoritären Regime 1934 in eine scharfe Repressionspolitik, die bis zum Zweiten Weltkrieg anhielt. In Litauen stellten ethnische Minderheiten (Juden, Polen, Russen, Deutsche, Letten) rund 16% der Bevölkerung. Die Autonomierechte der jüdischen Minderheit wurden in der so genannten Pariser Deklaration vom 15. August 1919 geregelt und umfassten neben Schule und Sprache auch die Bereiche Religion, Wohlfahrt, Steuern und staatliche Unterstützung. Ihre Rechte wurden mit der Verfassung von 1922 auf alle Minderheiten der Republik übertragen. Mit dem Übergang zum autoritären Regime 1926 ging jedoch auch in Litauen eine harsche Repressionspolitik gegenüber den ethnischen Minderheiten einher.

Außenpolitik: Außenpolitisch waren die Staaten bemüht, ihre staatliche Souveränität durch eine Balance-Politik zwischen den Großmächten zu erhalten. Dabei war die Außenpolitik Litauens allerdings von Anfang an von Streitigkeiten um das polnisch besetzte Vilnius und das litauisch besetzte Memel-Gebiet («Kleinlitauen») überschattet. Polen und Litauen standen bis 1927 formal im Krieg und verweigerten sich gegenseitig diplomatische Beziehungen. Statt Vilnius wurde in der Zwischenkriegszeit Kaunas zur provisorischen Hauptstadt Litauens. Das von den Entente-Mächten zunächst unter internationale Aufsicht gestellte Memel-Gebiet wurde 1923 von litauischen Verbänden im Handstreich besetzt und 1924 Litauen zugeschlagen. Den ansässigen litauischen und deutschen Bevölkerungsgruppen, die einen Anschluss an das Deutsche Reich favorisiert hatten, wurde kulturelle Autonomie versprochen. Gleichwohl verhärtete sich in den Folgejahren der Streit zwischen der kleinlitauischen Bevölkerung und der litauischen Regierung – was von der Regierung des Deutschen Reiches wiederum ausgenutzt werden konnte, um territoriale Ansprüche geltend zu machen.

Diese beiden Probleme wirkten sich auf die Bündnispolitik der baltischen Staaten untereinander aus. 1917 diskutierten Lettland und Litauen eine balto-skandinavische Allianz, 1918/19 erwogen Finnland und Estland die Möglichkeit einer

Union oder gar einer Doppelmonarchie. Zwischen 1919 und 1925 verhandelten die baltischen Staaten, Finnland und Polen im Rahmen der französischen antibolschewistischen *cordon sanitaire*-Politik in wechselnden Kombinationen über Bündnisse gegen die Sowjetunion, teilweise auch gegen Deutschland. Die Gespräche wurden jedoch von den widerstreitenden Interessen und Grenzstreitigkeiten der beteiligten Mächte, vor allem aber vom polnisch-litauischen Gegensatz in der Vilnius-Frage überschattet und scheiterten. Danach gelang es der Sowjetunion, ein eigenes Bündnissystem im östlichen Europa aufzubauen. 1926 brach sie Litauen aus einer gemeinsamen baltischen Außenpolitik heraus und schloss mit ihm einen Nichtangriffspakt. Bis 1932 folgten entsprechende Vereinbarungen mit Lettland und Estland sowie bilaterale Außenhandelsabkommen. Diese Konstruktion hielt so lange, wie der polnisch-deutsche Gegensatz bestand. Im Januar 1934 jedoch schlossen Deutschland und Polen ihrerseits einen Nichtangriffspakt, der die bilateralen Abkommen zwischen der Sowjetunion und den baltischen Staaten als unzureichend erscheinen ließ. Von nun an verfolgte die Sowjetunion ein Bündnissystem im Rahmen der «kollektiven Sicherheit», das sich für die baltischen Staaten in einer Mischung aus Drohungen und erneuten Bündnisangeboten ausdrückte. Die baltischen Staaten reagierten darauf mit einem auf zehn Jahre geschlossenen Bündnis, der «Baltischen Entente» (1934), das allerdings die belastenden Probleme in der Vilnius- und Memelfrage aus gemeinsamen Beratungen ausklammerte. Konkurrenz in der Außenwirtschaftspolitik, estnisch-polnische Affinitäten und unterschiedliche Feindbilder (Estland-Sowjetunion, Lettland-Deutschland, Litauen-Polen) schnürten dem Bündnis die Lebenskraft ab. Eine gemeinsam betriebene Militärpolitik konnte diese Mängel nicht ausgleichen. Zudem geriet die Außenpolitik der baltischen Staaten immer mehr in den Strudel der außenpolitischen Interessen der seit Mitte der 1930er Jahre wieder erstarkenden Kriegsverlierer Deutschland und Sowjetunion.

2. Der Zweite Weltkrieg (1940–1944)

Der am 23. August 1939 abgeschlossene Hitler-Stalin-Pakt verschaffte Deutschland und der Sowjetunion eine Schonfrist für den Krieg um Osteuropa, gleichzeitig aber gaben die geheimen Zusatzklauseln der Sowjetunion freie Hand gegenüber Estland und Lettland und – nach dem deutsch-sowjetischen Grenz- und Freundschaftsvertrag vom 28. September 1939 – auch gegenüber Litauen. Nach diesen Vereinbarungen nämlich fielen die baltischen Staaten im Falle einer «territorial-politischen Umgestaltung» in die sowjetische Interessensphäre.

Die «Umgestaltung» bestand zunächst in der deutschen (1. September 1939) und sowjetischen (17. September 1939) Besetzung Polens, hatte aber bald schon direkte Auswirkungen auf die baltischen Staaten. Im September und Oktober 1939 zwang die Sowjetunion die baltischen Staaten ultimativ zu gleichlautenden Beistandspakten und Verträgen über die Gewährung von Militärstützpunkten und die Stationierung sowjetischer Truppeneinheiten auf estnischem bzw. lettischem bzw. litauischem Territorium (Estland 28.9., Lettland 5.10., Litauen 11.10.). Widerstand erschien angesichts der sowjetischen Truppenkonzentration an der estnischen Grenze zwecklos. Die baltischen Staaten übten in der Folgezeit strikte Neutralität, selbst als die Sowjetunion während des Winterkrieges gegen Finnland (30. November 1939 bis 12. März 1940) zumindest den estländisch-sowjetischen Pakt mehrfach verletzte.

Die deutsche Bevölkerung der baltischen Staaten erhielt nach den Vereinbarungen des deutsch-sowjetischen Grenz- und Freundschaftsvertrages vom 28. September 1939 die Möglichkeit, das Land zu verlassen. Im Oktober 1939 wurden in einer groß angelegten Aktion rund 64 000 Deutsche aus Lettland und ca. 15 000 Deutsche aus Estland «heim ins Reich» «umgesiedelt», viele davon in den «Warthegau» (Posen u. a.) und Westpreußen, wo die «Baltendeutschen» die Speerspitze der «Entpolonisierungs»- und «Eindeutschungs»-Politik und die künftige agrarische Oberschicht stellen sollten. Eine Nach-«Umsiedlung» von 1940 und 1941 brachte noch einmal ca. 18 000 Personen in die deutschen Reichsgebiete. Eine ihrem Umfang nach weit geringere Vertreibung von Estlandschweden nach Schweden fand 1944 statt und erfolgte unter dem Druck des sowjetischen Vormarsches nach Westen.

Nach dem Ende des sowjetisch-finnischen Winterkrieges besetzten sowjetische Truppen im Juni 1940 die baltischen Staaten und «gestalteten» sie in sozialistische Sowjetrepubliken «um». Dabei erhielt Litauen das Gebiet um Vilnius im Zuge der sowjetischen Besetzung Ostpolens zurück. Die Beistandspakte erlaubten zwar keine Einmischung der Sowjetunion in die Wirtschaft oder das politische System der baltischen Staaten. Während der Niederlage Frankreichs im Juni 1940 nutzte die Kremlführung jedoch die Situation. Ultimaten ergingen an alle drei Länder, neue Regierungen zu bilden, die Beistandspakte besser zu erfüllen und eine Verstärkung der Roten Armee im Land zu erlauben. Die bestehenden Regierungen hatten dem nichts entgegen zu setzen. Im Rahmen der Regierungsneubildung wurden die Kommunistischen Parteien legalisiert und unter erpresserischen Rahmenbedingungen neue Parlamente gewählt. Diese proklamierten am 21. Juli 1940 die Bildung von Sowjetrepubliken und verstaatlichten Industrie, Banken und Land ohne Kompensationen für die betroffene Bevölkerung. Der nächste Schritt waren die «Bitte» und «Gewährung» um Inkorporation der Sowjetrepubliken in die Sowjetunion (Lettische SSR 5.8.1940, Estnische und Litauische SSR 6.8.1940). Kontakte zu anderen Staaten wurden unterbrochen, die Wirtschaftspolitik zentralisiert und an Moskau gebunden, Landenteignungen und -umverteilungen waren an der Tagesordnung. Die Bevölkerung wurde von Moskau aus kontrolliert, die nichtkommunistische Presse verboten. Zwischen Juli 1940 und Juni 1941 verhaftete das neue Regime Tausende von Mitgliedern früherer Parteien, Offiziere, Geschäftsleute und Grundbesitzer, die später spurlos verschwanden. Am 14. Juni 1941 setzten ohne vorherige Prozesse Massendeportationen in sibirische Lager ein. Wer ihnen entkam, floh in die Wälder.

Im Zuge des deutschen Überfalls auf die Sowjetunion seit dem 22. Juni 1941 fand die sowjetische Besetzung der baltischen

Staaten ein vorläufiges Ende, wurde aber durch die deutsche ersetzt. Auf Befehl Hitlers entstand nun das «Reichskommissariat Ostland», bestehend aus den «Generalbezirken» Estland, Lettland, Litauen und Weißrussland, unter dem Befehl des von Rīga aus agierenden Reichskommissars Hinrich Lohse (* 1896, † 1964). Die «landeseigenen Selbstverwaltungen» waren keine Autonomie-, sondern lediglich Exekutivorgane der deutschen Besatzungsmacht, die im August 1941 die Wirtschaftsplanung übernahmen. Das vom Sowjetregime enteignete Land wurde übernommen und an Bauern verpachtet, konnte also jederzeit wieder eingezogen werden. Nationale Bewegungen wurden wie schon unter sowjetischer Besatzung rücksichtslos unterdrückt. Vielmehr sollten die «rassisch geeignete» Bevölkerung «germanisiert», alle anderen Bevölkerungsteile deportiert und/oder liquidiert und die baltischen Staaten auf lange Sicht dem Deutschen Reich angegliedert werden. Am härtesten trafen solche Maßnahmen die Juden, von denen deutsche Kommandos zwischen 1941 und 1944 rund 275 000 – z. T. unter Mithilfe der lokalen Bevölkerung – ermordeten. Aber auch «Zigeuner», Esten, Letten, Litauer und andere Bevölkerungsteile der baltischen Staaten starben in deutschen Konzentrationslagern oder wurden als «Fremdarbeiter» nach Deutschland geschickt.

Die deutsche Besatzung war in allen drei Staaten von Kollaboration, aber auch Widerstand begleitet. So meldeten sich estnische und lettische Freiwillige in Reaktion auf den sowjetischen Terror in deutschen Polizeibataillonen. 1942/43 wurden estnische und lettische SS-Legionen gebildet, deren Angehörige nicht immer freiwillig in die Armee eingetreten waren. Eine litauische SS-Legion kam wegen des hartnäckigeren Widerstands gegen die deutsche Besatzung nicht zu Stande. Esten, die nach Finnland geflohen waren, bildeten ein estnisches Infanterieregiment und kämpfen 1944 mit den Finnen gegen die Rote Armee.

Auch mit der sowjetischen Seite kollaborierte man *nolens* oder *volens*. 1942 wurde in der Sowjetunion ein estnisches Schützenkorps gebildet. Gleichzeitig entstand eine von der Sowjetunion unterstützte und von den Resten der Kommunistischen Partei getragene Widerstandsbewegung in Litauen, die hauptsächlich Sabotageakte verübte. Eine andere, von Nationalisten, aber auch Sozialdemokraten getragene antideutsche Widerstandsbewegung, gab Untergrundzeitungen heraus, organisierte Wirtschaftsboykotts und sammelte Waffen. Ihr Ziel war es, den litauischen Staat nach dem Krieg mit Hilfe der Westalliierten zu nichtsowjetischen Bedingungen zu reorganisieren.

3. Die sowjetische Herrschaft (1944–1990/91)

Im Februar 1944 konnte die sowjetische Offensive gegen Deutschland zunächst zum Stehen gebracht werden, und in den folgenden Monaten beschränkte sich das Kriegsgeschehen auf sowjetische Bombenangriffe; im Sommer 1944 jedoch durchbrach die Rote Armee die deutschen Verteidigungsstellungen in Estland, Lettland und Litauen. Sie konnten nur in Kurland bis Kriegsende gehalten werden. In Estland versuchte ein Nationalkomitee mit Hilfe der Westmächte und auf Grundlage der Atlantikcharta, die Unabhängigkeit wiederherzustellen, und bildete am 18. September eine provisorische Regierung unter Otto Tief als Ministerpräsident. Doch erwies sich die Verteidigung des Landes mit politischen Mitteln als illusorisch. Aus Angst vor einer zweiten Sowjetisierung setzte eine Massenflucht (rd. 80 000 Esten, 120 000 Letten, 66 000 Litauer) – hauptsächlich in Richtung Deutschland, Schweden und nach Nordamerika – ein. Die neue sowjetische Besetzung brachte eine hohe Truppenpräsenz in der neu gebildeten «baltischen Militärregion» (Estland, Lettland, Litauen, Kaliningrad) mit sich.

Die sowjetische Besetzung führte zu Gebietsverlusten und zur zweiten Sowjetisierung. 1944 verlor Estland sämtliche Gebiete östlich des Narva-Flusses («Transnarvagebiet») sowie das Gebiet um Petseri (russ. Pečory) südöstlich des Peipussees an die russische Sowjetrepublik. «Volksregierungen» und Scheinwahlen mit überwältigenden «Wahlsiegen» der Kommunistischen Parteien sollten die Welt von der Freiwilligkeit und Legitimität der Sowjetisierung der baltischen Staaten überzeugen. Die Zurückdrängung von Esten, Letten und Litauern aus Politik, Gesellschaft und Kultur legte jedoch andere Schlüsse nahe. Eine forcierte und zentral organisierte Industrialisierung (Ölschiefer, elektrische Energie, Maschinen) führte zur Einwanderung von Arbeitern aus der Sowjetunion (hauptsächlich Russland, Weißrussland, Ukraine) vor allem nach Estland (rd. 2 Mio. bis 1989) und Lettland (über 2 Mio.). Der private Sektor in Handel und Industrie verschwand völlig. Private Landwirtschaftsbetriebe wurden nur geduldet und stark begrenzt. 1947 verschärfte sich die Kollektivierung der Landwirtschaft. Anfang der 1950er Jahre war sie – nach den Deportationen im März 1949 – weitgehend abgeschlossen. Die kollektivierten landwirtschaftlichen Betriebe erreichten nie mehr ihre frühere Effektivität. Die Ende der 1940er Jahre überall in der Sowjetunion lancierte *Ždanovščina* stellte einen Großangriff auf die «Nationalkultur» der baltischen Länder dar und zerstörte zahlreiche Kulturschätze. Ihr Ziel war es, die Kontinuität der überlieferten Kultur zu brechen und sie durch eine sowjetische Massenkultur («sozialistischer Realismus») zu ersetzen. Gegen die Sowjetisierungsmaßnahmen leisteten estnische, lettische und litauische Partisanen bewaffneten Widerstand, der in Litauen durch friedlichere Maßnahmen von Seiten der Katholischen Kirche ergänzt wurde. Auf die aus Moskauer Sicht unzureichende Kollektivierung wie auf die Partisanenbewegung reagierten die sowjetischen Behörden am 25. und 26. März 1949 mit Massendeportationen nach Sibirien (rd. 20 700 Esten, 40 000 Letten, 30 000 Litauer, davon ein Drittel des gesamten litauischen Klerus). Der Widerstand («Waldbrüder») ging jedoch noch bis Anfang der 1950er Jahre weiter. Insgesamt erlitten in Estland zwischen 1944 und 1953, also bis zum Ende der Stalin-Herrschaft, rund 40 000, in Lettland über 50 000, in Litauen über 132 000 Personen Repressionen. Zunächst übernahmen Russen oder sog. «russifizierte» Esten, Letten und Litauer die politische Macht in den baltischen Staaten, und dies, obwohl die zahlenmäßige Stärke der Kommunistischen Parteien in allen drei Staaten zunächst sehr gering war. Anfang der 1950er Jahre stiegen die Mitgliederzahlen jedoch rasch an. Junge estnische, lettische und litauische Akademiker sahen hier Chancen, in Wirtschaft, Kultur oder Politik Karriere zu machen. Andere hofften, ihre nationale Kultur retten zu können, indem sie einen nationalen Kommunismus zu etablieren suchten. Die Folge waren der Verlust jeder noch verbliebenen Autonomie, harte Repressionen gegen die Nationalkultur sowie die Verfolgung der Intelligenz und der Kirchen.

Mit der «Tauwetterperiode» unter Nikita Chruščev (1956–1964) gingen eine gewisse Dezentralisierung in der Wirtschaft, eine stärkere Betonung der Konsumgüter- gegenüber der Schwerindustrie und Investitionen und Liberalisierungen in der Landwirtschaft einher. Dies führte zu Verbesserungen im Lebensstandard. Allerdings wirkten sich die ständigen Umstrukturierungen in der Chruščev-Zeit auch negativ aus. Politische Veränderungen ergaben sich kaum. Eine gewisse Estnisierung und Lettisierung der Politik war mit den Karrieren junger Esten und Letten in der Kommunistischen Partei verbunden. Besonders in Lettland ging Moskau der «Nationalkommunismus» unter dem stellvertretenden lettischen Ministerpräsidenten Eduards Berklavs (* 1914, † 2000) aber viel zu weit. Im Juli 1959 fielen Berklavs und rund 2000 lettische KP-Mitglieder – weitgehend unblutigen – Säuberungen zum Opfer. Danach zeichnete sich Lettland durch eine im Vergleich zu Estland und Litauen außergewöhnliche Moskautreue aus, die erst mit den Ereignissen der Perestrojka-Periode zu Ende ging. Unterdessen konnten im Zuge der Chruščevschen «Enstalinisierung» die Überlebenden der unter Stalin deportierten Esten, Letten und Litauer großenteils zurückkehren. Im Kultursektor wurde der sozialistische Realismus nun freier interpretiert. Nationale Themen gewannen an Gewicht. Kontakte mit dem Exil verdichteten sich. Sogar Reisen in das sozialistische Ausland wurden in begrenztem Umfang erlaubt.

In der Brežnev-Periode (1964–1982) kehrte Moskau zur zentralistisch-bürokratischen Kontrolle in Industrie, Landwirtschaft und Partei zurück. Sovchosen prägten immer stärker das Bild auf dem Lande. Die nach sowjetischen Maßstäben hohe industrielle Produktivität in Estland und Lettland trieb die Umweltzerstörung voran. Nach dem Einmarsch sowjetischer Truppen in die Tschechoslowakei 1968 entstanden Dissidentenbewegungen, die größere Meinungsfreiheit, die Bewahrung der nationalen Kultur, Tradition und Sprache forderten und ihren vorläufigen Höhepunkt mit der Selbstverbrennung des litauischen Studenten Romas Kalanta am 14. Mai 1972 und nachfolgenden Straßenunruhen erreichte. Parallel dazu drangen in den 1970er Jahren trotz verschärfter Zensurmaßnahmen Elemente der angloamerikanischen Kultur in die baltischen Staaten ein, auf die Moskau hilflos und dilettantisch mit Kampagnen zur höheren Akzeptanz russischer Kulturleistungen reagierte. Die Nationalsprachen wurden immer restriktiver behandelt, die russische Sprache drang in Betrieben, Ämtern und Medien vor. Die Unzufriedenheit mit der Kultur- und Nationalitätenpolitik äußerte sich immer stärker öffentlich. Anlässlich des 40. Jahrestages des Hitler-Stalin-Pakts am 23. August 1979 verfassten 45 Letten, Esten und Litauer einen «Baltischen Appell» an die UNO, der u.a. dazu führte, dass das Europäische Parlament 1983 eine Resolution über die unakzeptable Situation der baltischen Bevölkerung annahm. 1980 schrieben 40 estnische Intellektuelle einen an die Vereinten Nationen und die westlichen Mächte (aber auch an

Ethnische Zusammensetzung vor und nach der sowjetischen Besetzung

Estland

Erhebungsjahr	Esten	Russen, Weißrussen, Ukrainer	Andere
1934	88,0%	8,2%	3,8%
1959	74,6%	22,3%	3,1%
1989	61,5%	35,2%	3,3%

Lettland

Erhebungsjahr	Letten	Russen, Weißrussen, Ukrainer	Andere
1935	76,0%	12,1%	11,9%
1959	62,0%	30,9%	7,1%
1989	52,0%	42,3%	5,7%

Litauen

Erhebungsjahr	Litauer	Russen, Weißrussen, Ukrainer	Andere
1923	80,6%	2,5%	16,9%
1959	79,3%	10,3%	10,4%
1989	79,6%	12,3%	8,1%

kompiliert nach Angaben in Garleff, Die baltischen Länder, S. 172–173 kommunistische Zeitungen in Moskau und Estland) gerichteten offenen Brief, in dem sie auf die ungelösten Nationalitätenprobleme in den baltischen Staaten hinwiesen. Währenddessen sank der Anteil von Esten, Letten und Litauern in ihren eigenen Ländern durch die Ansiedlung von Fachkräften und Arbeitern aus anderen Teilen der Sowjetunion stetig weiter.

In der Perestrojka-Periode (1986–1991) kulminierte die Unzufriedenheit. Die wirtschaftliche Stagnation erreichte Mitte der 1980er Jahre ihren Höhepunkt und äußerte sich in Form von Versorgungskrisen (Lebensmittel, Industriegüter, Dienstleistungen) und massiver Umweltzerstörung (Ölschiefer- und Phospatindustrie in Estland, Dünastaustufen in Lettland, Atomkraftwerk Ignalina/Litauen). Moskaus Plan, in Nordestland neue Phosporvorkommen zu erschließen, brachte das Fass zum Überlaufen. Aus estnischer Sicht brachte dies nicht nur neue Umweltbelastungen, sondern auch mehr Einwanderer mit sich. *Glasnost'* und *perestrojka* ermöglichten aber inzwischen einen transparenteren Umgang mit solchen Themen. Am 23. August 1987, dem Jahrestag des Hitler-Stalin-Paktes, veranstalteten estnische Dissidenten die erste politische Demonstration in Tallinn und ermutigten die Bevölkerung, die wirtschaftlichen Autonomiepläne (IME-Projekt) der Opposition innerhalb der KP zu unterstützen. Am gleichen Tag organisierten lettische und litauische Dissidentengruppen Demonstrationen in Rīga und Vilnius, die weltweit Aufsehen erregten und das Gorbačev-Regime unter internationalen Druck setzten. In Estland präsentierten die Kulturschaffenden auf einer gemeinsamen Konferenz ihrer Verbände am 1. und 2. April 1988 einen Aktionsplan, der die Ausweitung der wirtschaftlichen und politischen Rechte Estlands, einen Immigrationsstop, die Rehabilitierung der Opfer des Stalinismus und die kulturelle Unabhängigkeit Estlands vorsah. Am 1./2. Oktober 1988 folgte die Gründung der estnischen «Volksfront» (*Rahvarinne*), die in Tallinn am 11. September 1988 eine Massenveranstaltung «Das estnische Lied» organisierte, an der rund 300 000 Menschen teilnahmen und auf der radikale Stimmen die politische Unabhängigkeit Estlands forderten. Dies war der Beginn der «singenden Revolution». Am 16. November 1988 veröffentlichte der Oberste Sowjet der Estnischen SSR auf öffentlichen Druck hin eine Souveränitätserklärung, die die Prävalenz estnischer Gesetze anerkannte. Entsprechende Vorstöße der Volksfronten in Lettland (*Latvijas Tautas Fronte*, seit 8./9.10.1988) und Litauen (*Lietuvos Persitvarkymo Sajudis*, seit 22./23.10.1988) folgten im Juli bzw. Mai 1989. Im gleichen Jahr erreichte die Baltische Delegation auf dem Kongress der Volksdeputierten in Moskau, dass die Gorbačev-Regierung die bisher geleugnete Existenz des geheimen Zusatzprotokolls des Hitler-Stalin-Paktes von 1939 zugab. Damit war der Mythos von der friedlichen und freiwilligen Angliederung der baltischen Staaten an die Sowjetunion von 1940 und 1944 gebrochen. Kurze Zeit später erklärten die (noch kommunistischen) Regierungen der baltischen Staaten die Inkorporationsakte von 1940 und 1944 für null und nichtig. Zwischen 1989 und 1991 wurde die Pressezensur in den baltischen Staaten weitgehend aufgehoben, politische Parteien entstanden, zuvor verbotene Vereinigungen und Organisationen wurden restituiert, freie Wahlen zugelassen. Die Kommunistischen Parteien verloren mehr und mehr ihren Einfluss auf die Bevölkerung.

Der 50. Jahrestag des Hitler-Stalin-Paktes brachte dann eine Lawine ins Rollen. Am 23. August 1989 organisierten die Volksfronten eine 600 km lange, von Vilnius bis Tallinn reichende Menschenkette, die die Freiheit für die baltischen Staaten forderte. Am 11. März 1990 proklamierte Litauen seine Unabhängigkeit von der Sowjetunion. Am 30. März 1990 verurteilte der gerade neu gewählte Oberste Sowjet Estlands die sowjetische Besetzung als illegal und kündigte eine Übergangsperiode zur Wiederherstellung der Republik Estland an. Am 4. Mai 1990 proklamierte das neue lettische Parlament eine Übergangsperiode Lettlands zur Souveränität, und setzte Teile der Verfassung von 1922 wieder in Kraft.

Die tatsächliche Unabhängigkeit von Moskau kam schrittweise. Eigene Institutionen und Organisationen, neue finanzielle und wirtschaftliche Grenzziehungen, die Kooperation der baltischen Staaten untereinander, die Einsetzung eines Rates der baltischen Staaten, Volksabstimmungen über die Unabhängigkeit und der Übergang zur privaten Marktwirtschaft waren Schritte in diese Richtung. Doch erst mit dem Putschversuch vom 19. August 1991 in der Sowjetunion kam die endgültige Ablösung. Am 20. August verabschiedete der Oberste Sowjet Estlands eine Resolution über die nationale Unabhängigkeit des Landes und die Wiederaufnahme diplomatischer Beziehungen. Einen Tag später erklärte der Oberste Sowjet Lettlands die Übergangsperiode zur staatlichen Souveränität für beendet und rief eine unabhängige Republik Lettland aus. Im August und September anerkannten zahlreiche europäische Staaten und die USA, am 6. September auch die Sowjetunion, die Unabhängigkeit der drei Republiken. Am 17. September 1991 wurden Litauen und Lettland, am 18. September Estland Mitglieder der UNO. Die letzten russischen Truppen verließen Litauen im August 1992 und Estland und Lettland im August 1994.

4. Neue Unabhängigkeit (seit 1990/91)

In den 1990er Jahren bildeten sich in den drei Staaten demokratische und marktwirtschaftlich ausgerichtete Strukturen heraus. Man blickte außenpolitisch nach Westen, außenwirtschaftlich jedoch eher nach Norden. Sicherheitspolitisch strebten die baltischen Staaten eine NATO-Mitgliedschaft an, die sie am 29. März 2004 zusammen mit Bulgarien, Rumänien, Slowenien und der Slovakei erhielten. Diese und die Minderheitenfrage waren der Grund für anfangs heftige, seit der Jahrtausendwende schwächer werdende Einmischungsversuche von Seiten der Russischen Föderation. Überhaupt spielten die Beziehungen zu Russland, neben denjenigen zu den jeweils anderen baltischen Staaten und zum Westen und Skandinavien, eine zentrale Rolle.

Estland und Lettland verzichteten im Rahmen ihrer EU-Verhandlungen (s. u.) auf Gebietsansprüche gegenüber Russland. Die Lage der russischsprachigen Minderheiten belastete die wechselseitigen Beziehungen jedoch erheblich. Nach einer in der Brežnev-Doktrin noch einmal dokumentierten, eigentlich aber uralten Auffassung besitzt Russland angeblich das Recht, die russischen Minderheiten in den Nachbarländern zu schützen. Dies interpretierten Estland und Lettland als einen Vorwand zur Verhinderung einer estnischen und lettischen NATO-Mitgliedschaft. Während aber der russische Druck auf Estland seit Mitte der 1990er Jahre etwas nachließ, gerieten die lettisch-russischen Beziehungen 1997/98 noch einmal in eine ernste Krise. Erst die sich abzeichnende baldige EU-Mitgliedschaft schien die russischen Aktivitäten etwas zu dämpfen. Im Gegensatz zu Estland und Lettland pflegte Litauen in der Periode zwischen 1991 und 2004 vergleichsweise gute Beziehungen zu Russland. Dies war auch der Tatsache zu verdanken, dass die Frage der russischsprachigen Minderheiten die beiderseitigen Beziehungen kaum belastete. Dagegen scheint die Kaliningrad-Frage, vor allem die Frage nach einer Landverbindung zwischen dem Kaliningrader Gebiet und der übrigen Russischen Föderation über litauisches Territorium, weiterhin ungelöst.

Die zwischenbaltischen Beziehungen brachten in den 1990er und 2000er Jahren ebenfalls kleinere Turbulenzen mit sich. Estland konnte seine Probleme mit Lettland um die gemeinsame Seegrenze 1996 beilegen. Ein bis zur Mitte der 1990er Jahre schwelender Territorialkonflikt zwischen Lettland und Litauen über ein Ölgebiet in der Ostsee eskalierte, als Lettland einseitig Ausbeutungsrechte an Ölfirmen erteilte. Seit 1995 erzielten die Verhandlungspartner jedoch nach und nach Fortschritte, sodass 1999 ein Seegrenzabkommen unterzeichnet werden konnte. Neben solchen Auseinandersetzungen überwog jedoch die baltische Zusammenarbeit. Zweimal jährlich tagt eine «Baltische Versammlung», um Fragen von gemeinsamem Interesse zu erörtern. Ein «Baltischer Ministerrat» fördert die Zusammenarbeit auf ministerieller Ebene. Die interbaltische wirtschaftliche Kooperation ist intensiv und verläuft auf verschiedenen staats- wie auch privatwirtschaftlichen Ebenen. Eine gemeinsame Luftüberwachung mit Sitz in Litauen, eine 1998 gegründete Militärakademie in Tartu, eine gemeinsame Marineeinheit in Tallinn (BALTRON) und eine baltische Friedenstruppe (BALTBAT) bilden die Eckpfeiler einer militärischen Zusammenarbeit. Durch militärische Hilfen aus vielen Ländern (USA, Finnland, Schweden, Großbritannien, Deutschland, Dänemark) waren die baltischen Staaten informell auch schon vor dem NATO-Beitritt in die internationale Gemeinschaft eingebunden.

Die Beziehungen zwischen den baltischen und den westlichen Staaten bilden einen dritten zentralen Aspekt der Außenpolitik. 1992 wurden die baltischen Staaten Mitglieder des im selben Jahr gegründeten Ostseerates, 1993 Vollmitglieder des Europarates. Die EU-Mitgliedschaft der baltischen Staaten entwickelte sich unmittelbar nach den Unabhängigkeitserklärungen zu einem wichtigen wirtschafts- und außenpolitischen Thema. Freihandelsabkommen mit der EU wurden 1994, Assoziierungsabkommen 1995 abgeschlossen. Seit 1998 verhandelten die baltischen Staaten über einen EU-Beitritt. Es sollte jedoch noch bis zum 1. Mai 2004 dauern, bis sie die Vollmitgliedschaft in der EU erreichten.

Als ein zwischen Außen- und Innenpolitik anzusiedelndes Thema erwies sich die Minderheitenfrage. Das estnische Minderheitengesetz von 1991 basiert auf dem entsprechenden Gesetz von 1938, das alle Personen, die vor 1940 Staatsbürger waren, und ihre Nachkommen zu estnischen Staatsbürgern macht. Eingebürgert kann werden, wer ein Minimum an estnischer Sprachkompetenz (Ablegung eines Sprachtests) aufweisen und seinen dauerhaften Wohnsitz in Estland nachweisen kann und die estnische Verfassung kennt und achtet. Auf diese Weise wurden zwischen 1991 und 1998 knapp 100 000 russischsprachige Einwohner (ca. ein Viertel der russischsprachigen Minderheit) zu estnischen Staatsbürgern. Etwa die gleiche Anzahl entschied sich für die russische Staatsangehörigkeit. Trotzdem blieben rund 200 000 Einwohner, die größtenteils in Estland wohnen wollten, staatenlos. Nach Einschätzungen der OSZE und anderer Institutionen herrschten in Estland zwischen Unabhängigkeit und EU-Beitritt (1991–2004) weder eine systematische Verfolgung von Minderheiten noch eine permanente Verletzung von Menschenrechten. Ein Problem waren jedoch die erwähnten Interventionen der Russischen Föderation, die die russischsprachige Minderheit des Öfteren für ihre außenpolitischen Ziele einzuspannen versuchte. Auch praktische Schwierigkeiten verhinderten eine rasche Integration. Dazu gehörte z. B. eine unzureichende Zahl von Einrichtungen, in denen Estnischunterricht angeboten wurde.

In Lettland stellte man sich ähnlich wie in Estland auf den Standpunkt, dass Lette derjenige sei, der vor 1940 im Land gelebt hatte – Nachkommen eingeschlossen. Erst 1994 kam jedoch ein Staatsbürgerschaftsgesetz zu Stande, das eine schrittweise Aufnahme von neuen Staatsbürgern nach Altersgruppen in den Jahren 1996 bis 2003 vorsah. Bis zum Jahr 2000 wurde auf diese Weise etwas weniger als die Hälfte der rund 700 000 russischsprachigen Einwohner (ein Drittel der Bevölkerung) eingebürgert. Gleichzeitig gaben viele russischsprachige Personen vor allem aufgrund der gegenüber der Russischen Föderation besseren ökonomischen Chancen in Lettland an, die lettische Staatsbürgerschaft erwerben zu wollen. Doch erwiesen sich die Prüfungsanforderungen in lettischer Sprache, Geschichte und Verfassung, eine hohe Einbürgerungsgebühr und das Stufensystem für viele als unüberwindbare Hürden. Gleichzeitig nahmen rund 60 000 Personen die russische Staatsbürgerschaft an. Davon verließen rund 43 000 das Land. Ein beträchtlicher Teil der russischsprachigen Bevölkerung wählte die Staatenlosigkeit. 1998 beschloss die Regierung gegen starke Widerstände der Bevölkerung eine Änderung des Einbürgerungsgesetzes: Dadurch wurde das Stufensystem abgeschafft. Kinder von Staatenlosen, die nach der Proklamation der Unabhängigkeit Lettlands geboren wurden, erlangten nun auf Antrag der Eltern automatisch die lettische Staatsbürgerschaft. Ein Problem bleibt allerdings die frühere KGB-Tätigkeit vieler Einwohner Lettlands, denn nach dem Einbürgerungsgesetz darf niemand, der zuvor für den KGB gearbeitet hat, ein öffentliches Amt in Lettland bekleiden. Diese Bestimmung hat beispielsweise Entlassungen aus dem Polizeidienst und anderen öffentlichen Berufssparten zur Folge.

In Litauen war die Einbürgerungspolitik von Anfang an unproblematischer. Dies hat seinen Grund in der Tatsache, dass der Anteil der Minderheiten dort weit niedriger liegt als in Estland und Lettland. Nach der Ausrufung der staatlichen Unabhängigkeit Litauens war jeder Einwohner des Landes frei, die litauische Staatsbürgerschaft zu beantragen.

Wie die außenpolitischen so ähnelten sich auch die innenpolitischen Probleme der baltischen Staaten. Bei allen drei Staaten handelt es sich um parlamentarische Demokratien. Der Einfluss der verschiedenen politischen Parteien auf das Parlament variiert jedoch. In Estland litten die in ihrer Zusammensetzung oft wechselnden Mitte-Rechts-Koalitionsregierungen seit 1990 alle mehr oder weniger an Vertrauensmangel, Missgunst zwischen den Parteien, Skandalen und autoritärem Führungsstil und lösten einander in mehr oder weniger schneller Folge ab. Trotz dieser personellen und parteigebundenen Instabilität blieb die Politik in Estland thematisch relativ gradlinig und fand unter der Siimann-Regierung (1997–1999) sogar zu einer Kooperation zwischen Regierung und Opposition. In Lettland dominierten zwischen 1993 und 1998 nationalkonservative und sozialdemokratische Parteien die Regierung. Seit 1998 kam der Zentrumspartei wachsende Bedeutung zu. In Litauen gewann nach dem anfänglichen Sieg von *Sajudis* 1990 seit 1992 die Nachfolgepartei der litauischen Kommunisten, die Litauische Demokratische Arbeiterpartei (LDDP), entscheidenden Einfluss. Seit 1995 regieren jedoch konservative Koalitionen in wechselnder Zusammensetzung. Von Anfang an blieb in Litauen die politische Partizipation der Bevölkerung niedrig.

Vor dem Hintergrund der Kontinuitätsthese, der verfassungs- und völkerrechtlich fundierten Vorstellung, dass es sich bei den baltischen Staaten um seit dem Ersten Weltkrieg durchgehend bestehende und in der Sowjetperiode nur besetzte Staaten handle, ging es in der Politik nach 1990/91 vor allem um die Restitution des Rechts- und Eigentumssystems aus der Zeit vor 1940. Dazu war eine durchgehende Reform der Justiz vonnöten, die langsame Fortschritte machte, heute aber EU-Standards erreicht hat. In wirtschaftlicher Hinsicht galt es, die Währung von Russland abzukoppeln, um die mit der Unabhängigkeit einsetzende Hyperinflation des Rubel einzudämmen, den Außenhandel von Russland auf die westlichen Märkte zu verlagern und kollektivierte Betriebe zu privatisieren. Währungsreformen in den Jahren 1992/93 und die sukzessive Einführung niedriger Steuern haben den baltischen Staaten schnell zu einer erfolgreichen Volkswirtschaft verholfen. Den größten Anteil am Bruttoinlandsprodukt haben seit Anfang der 1990er Jahre Handel, Tourismus und Finanzdienstleistungen, aber auch die verarbeitende Industrie – in Estland etwas mehr, in Litauen etwas weniger als in Lettland. Entsprechend ließ sich in Litauen eine im Vergleich zu Estland und Lettland verzögerte Transformation beobachten, deren Gründe teilweise in einer misstrauischen Haltung gegenüber ausländischen Investitionen und Übernahmen von Industrieunternehmen liegen. Inzwischen aber hat Litauen zu Estland und Lettland weiter aufgeschlossen. Angesichts der in den 1990er Jahren steigenden Arbeitslosigkeit und der Armut der Landbevölkerung kam außerdem einer Politik des sozialen Ausgleichs wachsende Bedeutung zu. Dazu gehörte auch eine effektive Bekämpfung der Korruption und der Kriminalität, die mit der Zeit immer besser gelang. Wie sich der EU-Beitritt vom Mai 2004 auf diese Entwicklungen auswirkt, ist ungewiss. Grundsätzlich jedoch ist die Stimmung in den baltischen Staaten anhaltend europafreundlich (man feiert die «Rückkehr nach Europa») und verspricht eine gute Partnerschaft mit den anderen EU-Ländern, insbesondere mit den nordeuropäischen Nachbarn im Rahmen des seit 1997 lancierten EU-Konzepts einer «nördlichen Dimension».

Anmerkungen

Sprachform

Bezeichnungen in Originalsprache (Estnisch, Lettisch, Litauisch, Russisch, Weißrussisch usw.) sind kursiv und – falls es sich um ursprünglich in kyrillischer Schrift abgefasste Bezeichnungen handelt – in der philologisch-wissenschaftlichen Umschrift der Preußischen Akademie der Wissenschaften wiedergegeben. Dieses Umschriftprinzip wurde in einigen Fällen aufgegeben, vor allem, wenn es sich um Bezeichnungen handelte, die eher in ihrer eingedeutschten Form bekannt sind, wie z. B. «Zar» statt «Car», «Nikolaus I.» statt «Nikolaj I.», «Alexander II.» statt «Aleksandr II.» usw. Ortsnamen erscheinen in der zu einer bestimmten Zeit dominierenden Sprachform: für Livland und Estland bis 1918 normalerweise in deutscher, danach in lettischer bzw. estnischer Sprache; für die litauischen Gebiete bis 1917 in polnischer oder russischer, danach in litauischer Sprache.

Zeitangaben

Die für Personen angegebenen Jahresdaten bezeichnen die Herrschafts- oder Amtsdauer. Ist die Lebensdauer gemeint, so wird dies besonders vermerkt (s. u. bei «Zeichen und Abkürzungen»). Datumsangaben folgen den zu einer bestimmten Zeit in einem bestimmten Land üblichen Kalendern. Der Julianische Kalender galt:
- in Polen-Litauen bis 1582 (nach 1772/95–1918 wieder eingeführt)
- in den deutschen katholischen Ländern bis in die Jahre 1583–1585 (teilweise auch länger)
- im Herzogtum Preußen bis 1610
- im Herzogtum Kurland bis 1617
- in den deutschen protestantischen Ländern bis 1700

- in Dänisch-Norwegischen Reich bis 1700
- im Schwedischen Reich (einschl. Finnland) bis 1753
- im Russischen Reich bis 1918

Entsprechend bewahrten die abhängigen Länder den Julianischen Kalender:
- Kleinlitauen/Ostpreußen bis 1610
- die russisch-litauischen Gebiete bis 1915
- die Gouvernements Estland und Livland bis 1918
- das Gouvernement Kurland 1796–1918.

Die Umrechnung des Julianischen auf den neueren (Gregorianischen) Kalender erfolgt für das 16./17. Jahrhundert durch Addierung von 10, für das 18. Jahrhundert von 11, für das 19. Jahrhundert von 12 und für das 20. Jahrhundert von 13 Tagen.

Zeichen und Abkürzungen

* = geboren, † = gestorben, an. = altnordisch, dän. = dänisch, dt. = deutsch, engl. = englisch, estn. = estnisch, frz. = französisch, gegr. = gegründet, Jh. = Jahrhundert, lat. = lateinisch, lett. = lettisch, lit. = litauisch, poln. = polnisch, russ. = russisch, schwed. = schwedisch

Dank

Mein herzlicher Dank gilt Karsten Brüggemann (Narva), Konrad Maier (Lüneburg) und vor allem meiner Frau, Corinna Löffler (Hamburg), für zahllose hilfreiche Hinweise und die mühevolle Durchsicht des Manuskripts. Ohne ihre Hilfe wäre ich mit diesem Buch nicht glücklich geworden.

Hamburg im Mai 2004,   *Ralph Tuchtenhagen*

Zeittafel

1201	Gründung Rigas durch Bischof Albert und Beginn der deutschen Landnahme in Livland
1207	Bischof Albert empfängt vom deutschen Kaiser den Titel «Fürst von Livland»; Livland wird Reichslehen
1219	Gründung Revals als Stadt (evtl. auch erst ca. 1235)
1236/37	Schwere Niederlage des Schwertbrüderordens gegen Litauen (1236) und Inkorporation des Schwertbrüderordens in den Deutschen Orden (1237)
1242	Niederlage des Deutschen Ordens gegen Novgorod auf dem Peipus-See
1253	Konversion des Fürsten Mindaugas zum Christentum und Gründung des Königreiches Litauen
1282	Riga wird Mitglied der Hanse
1316–1341	Regierung Gediminas' von Litauen
1322/23	Gründung von Vilnius
1358	Reval und Dorpat erstmals als Hansestädte erwähnt
1377–1434	Regierung des litauischen Großfürsten Jogailas
1385	Litauisch-Polnische Union von Kreva (Krewo)
1386	Konversion Jogailas zum Christentum und Krönung zum Herrscher des polnisch-litauischen Königreiches (als Władisław II. Jagiełło)
1410	Schlacht von Zalgiris/Tannenberg zwischen dem polnisch-litauischen und dem Deutschordensheer
1524/25	Einführung der Reformation in Livland
1559	Ösel und das Stift Pilten unterstellen sich Dänemark
1561	Reval und die Ritterschaft von Harrien-Wierland unterwerfen sich der schwedischen, die livländischen Landschaften der polnisch-litauischen Krone
1569	Polnisch-litauische Union von Lublin
1582	Riga unterwirft sich der polnisch-litauischen Krone
1595/96	Union von Brest: Entstehung der Unierten Kirche in den litauischen Ländern
1629	Waffenstillstand zu Altmark: Polen-Litauen tritt bis auf Weiteres Riga und Teile Livlands an Schweden ab
1645	Friede von Brömsebro: Ösel fällt an die schwedische Krone
1660	Friede von Oliva: Livland (außer Lettgallen) fällt an die schwedische Krone
1710	Estland und Livland von russischen Truppen erobert

1721	Friede von Nystad: Estland, Ösel und Livland fallen an Russland
1793	Russland annektiert Lettgallen im Zuge der zweiten Teilung Polen-Litauens
1795	Russland annektiert das Herzogtum Kurland und Semgallen im Zuge der dritten Teilung Polen-Litauens; Kleinlitauen (Memelgebiet) kommt bis 1807 an Preußen
1807	Kleinlitauen wird Teil des «Herzogtums Warschau»
1812	Teile von Kurland durch napoleonische Truppen besetzt
1815	Wiener Kongress: Das östliche Litauen wird Teil des russischen «Nordwestgebiets»
1816	Aufhebung der Leibeigenschaft in Estland
1819	Aufhebung der Leibeigenschaft in Livland
1861	Aufhebung der Leibeigenschaft im «Nordwestgebiet»
1866	Aufhebung der städtischen Zunftverfassung in den Gouvernements Estland und Livland
1868/70	Beginn des Eisenbahnbaus in Livland und Estland
1889	Aufhebung der Privilegien für die Ostseeprovinzen; vollständige rechtliche Integration Kurlands, Livlands und Estlands in das Russische Reich
1905	Revolution im Russischen Reich: Ausschreitungen gegen Gutsbesitzer u. a. in Estland, Livland und Kurland
1915	(Mai–Oktober) Kurland schrittweise durch deutsche Truppen besetzt
1917	(16.2.) Unabhängigkeitserklärung Litauens; (30.3.) Die russische Provisorische Regierung fasst das Gouvernement Estland und den nördlichen Teil des Gouvernements Livland zu einer neuen autonomen politischen Einheit zusammen; (28.11.) Auflösung des estnischen Landtages; (20.12.) Proklamation der Autonomen Lettischen Sowjetregierung innerhalb der Russischen Sowjetrepublik
1918	(24.2.) Proklamation der Republik Estland; (Febr.) Besetzung Lettlands und Estlands durch deutsche Truppen; (3.3.) mit dem Frieden von Brest-Litovsk sind Estland, Livland und Kurland de facto nicht mehr Teil Russlands; (8.3.) Proklamation des Herzogtums Kurland durch das Deutsche Reich; (12.4.) Proklamation eines in Personalunion mit dem König von Preußen verbundenen «Baltischen Staates»; (11.7.) Proklamation des Königreiches Litauen; (2.11.) Proklamation der unabhängigen Republik Litauen; (11.11.) deutsche Kapitulation: Vertrag von Brest-Litovsk annuliert, Bildung der provisorischen Regierung Estlands; (18.11.) Proklamation der Republik Lettland; (28.11.) Einmarsch sowjetischer Truppen in Estland; (17.12.) Proklamation einer Lettischen Sowjetrepublik

Zeittafel

1919	(Jan.–Mai) Sowjetische Truppen besetzen Teile Lettlands und Litauens; (April/Mai) Befreiung Estlands von sowjetischen Truppen; (23.4.) Proklamation der Unabhängigkeit Estlands durch eine gewählte Konstituante, Ankündigung einer Landreform und Verfassung; (19.4.) Besetzung Vilnius' durch polnische Truppen; (23.6.) Sieg estnischer Truppen gegen die «Eiserne Division» und die «Baltische Landeswehr»; (Okt.) gescheiterter Angriff antisowjetischer russischer Truppen auf Petrograd
1920	(Jan.) Ende der sowjetischen Besetzung Lettgallens; (2.2.) Dorpater Friede: Sowjetregierung anerkennt Estlands Unabhängigkeit; (12.7.) Friede von Moskau: Sowjetregierung anerkennt Litauens Unabhängigkeit; (14.7.) erneute Besetzung Vilnius' durch polnische Truppen; (11.8.) Friede von Riga: Sowjetregierung anerkennt Lettlands Unabhängigkeit
1920–1922	Internationale Anerkennung Estlands, Lettlands und Litauens durch bilaterale Verträge mit weiteren Staaten
1921	Estland, Lettland und Litauen treten dem Völkerbund bei
1923	Besetzung des Memelgebietes («Kleinlitauen») durch litauische Verbände
1926	Übergang Litauens zur Diktatur
1934	Übergang Estlands (12.3.) und Lettlands (16./17.12.) zu autoritären Regimen
1939	Von der deutschen Regierung erzwungener Übergang des Memelgebietes von Litauen an das Deutsche Reich und sowjetische Übergabe Vilnius' von Polen an Litauen; Beistandspakte der baltischen Staaten mit der Sowjetunion
1940	Besetzung der baltischen Staaten durch die Rote Armee und Anschluss an die Sowjetunion
1941–1944	Besetzung Estlands und Lettlands durch deutsche Truppen
1944	Wiederbesetzung der baltischen Staaten durch die Sowjetunion und Proklamation einer Estnischen, Lettischen und Litauischen Sowjetrepublik
1947	Beginn der forcierten Kollektivierung der Landwirtschaft
1949	Massendeportationen von Esten, Letten und Litauern
1987	(23.8.) Erste öffentliche Demonstrationen in den baltischen Sowjetrepubliken gegen die sowjetische Besatzungsmacht
1988	Gründung von Volksfronten in der Estnischen, Lettischen und Litauischen Sowjetrepublik
1989	(23.8.) Menschenkette «Der baltische Weg» von Vilnius über Riga nach Tallinn; (24.12.) der Kongress der Volksdeputierten der Sowjetunion gibt die Existenz des geheimen Zusatzprotokolls zum Hitler-Stalin-Pakt von 1939 öffentlich zu und erklärt das geheime Zusatzprotokoll zum Hitler-Stalin-Pakt für null und nichtig

1990	(11.3.) Unabhängigkeitserklärung Litauens
1991	Unabhängigkeitserklärungen Estlands (20.8.) und Lettlands (21.8.); (Aug., Sept.) Internationale Anerkennung der baltischen Staaten; (6.9.) Anerkennung der Unabhängigkeit der baltischen Staaten durch die Sowjetunion; (17.9.) Aufnahme Litauens, Lettlands und Estlands in die UNO
1992	Die letzten russischen Truppen verlassen Litauen
1993	Estland wird Vollmitglied des Europarates; (Juli) Freihandelsabkommen zwischen den baltischen Staaten und der EU.
1994	Die letzten russischen Truppen verlassen Estland und Lettland
1996	Seegrenzabkommen zwischen Estland und Lettland
1995	Assoziierungsabkommen zwischen der EU und den baltischen Staaten
1999	Seegrenzabkommen zwischen Lettland und Litauen
2004	(29.3.) Aufnahme der baltischen Staaten in die NATO und (1.5.) in die EU

Bibliografische Übersicht

Vorbemerkung: Es handelt sich um eine knappe Auswahl. Da sich die vorliegende Darstellung vornehmlich an ein breiteres Publikum wendet, liegt der Schwerpunkt auf deutsch-, englisch- und französischsprachigen Titeln. Die Aufnahme von Titeln in estnischer, lettischer, litauischer, polnischer oder russischer Sprache wurde bewusst knapp gehalten und ist als Ersatz für fehlende oder unzureichende deutsch- und englischsprachige Darstellungen aufzufassen.

I. Bibliografien

Winkelmann, Eduard: Bibliotheca Livoniae Historica. Systematisches Verzeichnis der Quellen und Hilfsmittel zur Geschichte Estlands, Livlands und Kurlands, Berlin ²1878 (ND 1969).

Bibliotheca Estoniae historica 1877–1918 (hg. v. Evald Blumfeldt, Nigolas Loone), Tartu 1933–1939 (ND Köln–Wien 1987) (= Quellen und Studien zur baltischen Geschichte 10).

Kritisch-bibliographischer Jahresbericht der estnischen Philologie und Geschichte (hg. v. der Gelehrten Estnischen Gesellschaft), 14 Bde., Dorpat 1922–1938.

Baltische Bibliographie 1945–1993, in: Zeitschrift für Ostforschung 1954–1993 (Forts.: Baltische Bibliographie. Schrifttum über Estland, Lettland, Litauen 1994 ff, hg. v. Paul Kaegbein, Marburg 1995 ff = Bibliographien zur Geschichte und Landeskunde Ostmitteleuropas, Herder-Institut, Marburg).

The Baltic States. Estonia, Latvia, Lithuania (hg. v. Marita V. Grunts, Inese A. Smith), Oxford 1993 (= World Bibliographical Series 161).

Eesti retrospektiivne rahvusbibliograafia. Estnische retrospektive Nationalbibliographie, 5 Teile, Tallinn 1993–.

Rister, Herbert: Schrifttum über Litauen 1943–1953, in: Zeitschrift für Ostforschung, Marburg/L. 1955.

Reklaitis, Povilas: Litauische Bibliographie in Auswahl 1970–1993 (jeweils mehrere Jahre zusammengefasst), in: Zeitschrift für Ostforschung 1971–1994.

Baltische Bibliographie I: 1945–1956 (hg. v. Erik Thomsen), Würzburg 1957 (= Ostdeutsche Beiträge aus dem Göttinger Arbeitskreis 5) (Forts.: Baltische Bibliographie 1957–1961, hg. v. Erik Thomsen, Würzburg 1962).

2. Hilfsmittel

Baltisches historisches Ortslexikon (begonnen v. Hans Feldmann, hg. v. Heinz von zur Mühlen), Teil 1: Estland (bearb. v. Gertrud Westermann), Köln–Wien 1990. Teil 2: Lettland (Südlivland und Kurland) (bearb. v. Hans Feldmann), Köln–Wien 1990.
Deutschbaltisches Biographisches Lexikon 1710–1960 (im Auftrag der Baltischen Historischen Kommission hg. v. Wilhelm Lenz), Köln–Wien 1970.
Eesti biograafiline leksikon, Tartu 1926–1939, 1940.
Eesti nõukogude entsüklopeedia, 8 Bde., Ergänzungsband, Tallinn 1968–1978. Dass. (seit Bd. 5: Eesti entsüklopeedia), 9 Bde., Kartenband, Ergänzungsbände, Tallinn 1985 ff.
Encyclopedia Lituanica (hg. v. Simas Sužiedelis u. a.), 6 Bde., Boston/Mass. 1970–1978.
Latvijas Padomju Enciklopedija, 10 Bde., Riga 1981–1988.
Latvju enciklopēdija (hg. v. Arvēds Švabe), 3 Bde., Stockholm 1950–1951.
Latvju enciklopēdija 1962–1982 (hg. v. Edgars Andersons), 5 Bde., Rockville/Md. 1985.
Miljan, Toivo: Historical dictionary of Estonia, Lanham/Md.–London 2004 (= European Historical Dictionaries).
Plakans, Andrejs: Historical dictionary of Latvia, Lanham/Md.–London 1997 (= European Historical Dictionaries 19).
Sužiedelis, Saulius: Historical dictionary of Lithuania, Lanham/Md.–London 1997 (= European Historical Dictionaries 21).

3. Periodika mit Beiträgen zur Geschichte der baltischen Länder

Acta Baltica (Königstein/T.) 1960–1997
Ajalooline ajakiri (Tartu) 1922–1940
Ajalooline ajakiri (Tartu) 1998 ff
Baltica. Vierteljahresschrift für baltische Kultur (Hamburg) 1997 ff
Baltisches Jahrbuch (Bonn) 1983–1989
Deutsche Studien (Lüneburg) 1963 ff
Estonia. Zeitschrift für estnische Literatur und Kultur (Frankfurt/M.) 1985–2004
Ežegodnik istorii Litvy (Vilnius) 1979 ff
Forschungen zur baltischen Geschichte (Tartu) 2005 ff
Hansische Geschichtsblätter 1871 ff
Humanities and Social Sciences. Latvia (Rīga) 1995 ff
Istorija (Vilnius) 1961–1976
Jahrbuch des baltischen Deutschtums (Lüneburg/München) 1953 ff
Journal of Baltic Studies (Hackettstown/NJ) 1970 ff
Kleio (Tartu) 1992–1998 (Forts. als Ajalooline ajakiri 1998 ff).

Latvijas arhīvi (Rīga) 1994 ff
Latvijas vēsture (Rīga) 1991 ff
Latvijas vēstures institūta žurnāls (Rīga) 1937–1940, 1991 ff
Lietuvos istorijos studijos (Vilnius) 1993 ff
Lithuanian Historical Review (Vilnius) 1965 ff
Lithuanian Historical Studies (Vilnius) 1996 ff
LKP istorijos klausimai. Voprosy istorii KP Litvy (Vilnius) 1968 ff
Nationalities Papers (New York) 1972 ff.
Nordost-Archiv N. F. (Lüneburg) 1992 ff
Osteuropa (Stuttgart) 1951 ff
Skandinavskij sbornik (Tartu) 1956–1990
Tuna. Ajalookultuuri ajakiri 1998 ff
Voprosy istorii evropejskogo severa (Tartu) 1975 ff
Zeitschrift für Ostforschung 1952–1994 (Forts.: Zeitschrift für Ostmitteleuropa-Forschung) (Marburg/L.) 1995 ff)

4. Literatur
Allgemeine und thematische Gesamtdarstellungen

Baltische Kirchengeschichte (hg. v. Reinhard Wittram), Göttingen 1956.
Garleff, Michael: Die baltischen Länder. Estland, Lettland, Litauen vom Mittelalter bis zur Gegenwart, Regensburg–München 2001.
Gelzinius, Adam E.: Lutherische Kirche Litauens, Braunschweig 1974.
Gotthold Rhode: Sechshundert Jahre römisches Christentum in Litauen, in: Acta Baltica 25/26 (1987/1988), S. 9–17.
Hellmann, Manfred: Grundzüge der Geschichte Litauens und des litauischen Volkes, Darmstadt ⁴1990.
Kiaupa, Zigmantas: The history of Lithuania, Vilnius ²2004.
Kiaupa, Zigmantas/Kiaupienė, Jūratė/Knucevićius, Albinas: The history of Lithuania before 1795, Vilnius 2000.
Lalkou, Ihar: Aperçu de l'histoire politique du grand-duché de Lithuanie, Paris 2001.
Ligers, Ziedonis: Geschichte der baltischen Städte, Bern 1948.
Lithuania 700 years (hg. v. Albertas Gerutis), New York ⁶1984.
Pistohlkors, Gert von u. a.: Deutsche Geschichte im Osten Europas. Baltische Länder, Berlin 1994.
Plakans, Andrejs: The Latvians. A short history, Stanford/Cal. 1992.
Raun, Toivo U.: Estonia and the Estonians, Stanford/Cal. ²1991.
Schmidt, Oswaldt: Rechtsgeschichte Liv-, Est- und Kurlands (hg. v. Eugen von Nottbeck), Dorpat 1894 (ND Hannover–Döhren 1968).
The history of the Baltic states (hg. v. Kevin O'Connor, Frank W. Thackeray, John E. Findling), Westport/Conn. 2003.
Ungern-Sternberg, Walther von: Geschichte der baltischen Ritterschaften, Limburg/L. 1960.
Die Universitäten Dorpat/Tartu, Riga und Wilna/Vilnius 1579–1979 (hg. v.

Gert von Pistohlkors, Toivo U. Raun, Paul Kaegbein), Köln–Wien 1987 (= Quellen und Studien zur baltischen Geschichte 9).
Voprosy agrarnoj istorii Pribaltiki, Riga 1982.

Vorgeschichte und Mittelalter

Bauer, Gerhard/Klein, Manfred: Das alte Litauen, Köln–Weimar–Wien 1998.
Gimbutas; Marija: The Balts, New York 1963 (dt. Die Balten. Urgeschichte eines Volkes im Ostseeraum, München–Berlin 1983, Frankfurt/M.–Berlin 1991).
Murray, Alan V.: Crusade and conversion on the Baltic frontier 1150–1500, Aldershot 2001.

Frühe Neuzeit

Aufklärung in den baltischen Provinzen Russlands. Ideologie und Wirklichkeit (hg. v. Otto-Heinrich Elias u. a.), Köln–Weimar–Wien 1996 (= Quellen und Studien zur baltischen Geschichte 15).
Berkis, Alexander V.: The history of the Duchy of Courland (1561–1795), Towson/Ma. 1969.
Das Herzogtum Kurland 1561–1795. Verfassung, Wirtschaft, Gesellschaft (hg. v. Erwin Oberländer, Ilgvars Misāns), Lüneburg 1993.
Das Herzogtum Kurland 1561–1795. Verfassung, Wirtschaft, Gesellschaft, Bd. 2 (hg. v. Erwin Oberländer), Lüneburg 2001.
Musteikis, Antanas: The reformation in Lithuania. Religious fluctuations in the sixteenth century, New York 1988.
Niendorf, Matthias: Das Großfürstentum Litauen. Studien zur Nationsbildung in der frühen Neuzeit (1569–1795), Wiesbaden 2003 (= Veröffentlichungen des Nordost-Instituts).
Die schwedischen Ostseeprovinzen Estland und Livland im 16.–18. Jahrhundert (hg. v. Aleksander Loit, Helmut Piirimäe), Stockholm 1993 (= Acta Universitatis Stockholmiensis. Studia Baltica Stockholmiensia 11).
Schmidt, Christoph: Auf Felsen gesät. Die Reformation in Polen und Livland, Göttingen 2000.
Seresse, Volker: Des Königs «arme weit abgelegene Vntterthanen». Oesel unter dänischer Herrschaft 1559/84–1613, Frankfurt/M. etc. 1996.
Stone, Daniel Z.: The Polish-Lithuanian state, 1386–1795, Washington 2001 (= History of East Central Europe).
Thaden, Edward C.: Russia's western borderlands, 1710–1870, Princeton/N. J. 1984.
Tuchtenhagen, Ralph: Zentralstaat und Provinz im frühneuzeitlichen Nordosteuropa, Wiesbaden: 2008 (= Veröffentlichungen des Nordost-Instituts 7).

19./Anfang 20. Jahrhundert

Bevölkerungsverschiebungen und sozialer Wandel in den baltischen Provinzen Rußlands 1850–1914. Population Shifts and Social Change in Russia's Baltic Provinces 1850–1914 (hg. v. Gert von Pistohlkors, Andrejs

Plakans, Paul Kaegbein), Lüneburg 1995 (= Schriften der Baltischen Historischen Kommission 6).

Ezergailis, Andrew/Pistohlkors, Gert von: Die Baltischen Provinzen Rußlands zwischen den Revolutionen von 1905 und 1917, Köln–Wien 1982.

Haltzel, Michael: Der Abbau der deutschen ständischen Selbstverwaltung in den Ostseeprovinzen Rußlands 1855–1905, Marburg/L. 1977.

National movements in the Baltic countries during the 19th century. The 7th conference on Baltic studies in Scandinavia, Stockholm, June 10–13, 1983 (hg. v. Aleksander Loit), Stockholm 1985 (= Studia Baltica Stockholmiensia 2).

Russification in the Baltic provinces and Finland, 1855–1914 (hg. v. Edward C. Thaden u. a.), Princeton/N. J. 1981.

Senn, Alfred Erich: The emergence of modern Lithuania, New York 1959.

Thaden, Edward C.: Russia's western borderlands, 1710–1870, Princeton/N. J. 1984.

Wandycz, Piotr S.: The lands of partitioned Poland, 1795–1918, Seattle–London 1974.

20. Jahrhundert

Der Aufbau einer freiheitlich-demokratischen Ordnung in den baltischen Staaten (hg. v. Boris Meissner, Dietrich A. Loeber, Cornelius Hasselblatt), Hamburg 1996.

The Baltic and the outbreak of the Second World War (hg. v. John W. Hiden), Cambridge 1992.

The Baltic in international relations between the two World Wars. Symposium organized by the Centre for Baltic Studies, November 11–13, 1986, University of Stockholm, Frescati (hg. v. John Hiden, Aleksander Loit), Stockholm 1988 (= Studia Baltica Stockholmiensia 3).

The Baltic states in peace and war, 1917–1945 (hg. v. V. Stanley Vardys, Romuald Misiunas), University Park/Pens. 1978.

The Baltic states. The national self-determination of Estonia, Latvia and Lithuania (hg. v. Graham Smith), Basingstoke–London 1994.

Die baltischen Nationen. Estland, Lettland, Litauen (hg. v. Boris Meissner), Köln ²1991 (= Nationalitäten- und Regionalprobleme in Osteuropa 4).

Bollow, Undine: Die baltische Frage in der internationalen Politik nach 1945, Berlin 1993.

The foreign policies of the Baltic countries. Basic issues (hg. v. Pertti Joenniemi, Juris Prikulis), Riga 1994.

Gerner, Kristian: The Baltic states and the end of the Soviet empire, London 1993.

Hiden, John/Salmon, Patrick: The Baltic nations and Europe. Estonia, Latvia, and Lithuania in the twentieth century, London–New York 1991.

The independence of the Baltic states. Origins, causes, and consequences. A comparison of the crucial years 1918–1919 and 1990–1991 (hg. v. Eberhard Demm, Roger Noël, William Urban), Chicago 1996.

Lieven, Anatol: The Baltic revolution. Latvia, Lithuania, Estonia, and the path to independence, New Haven/Conn. 1993.

Myllyniemi, Seppo: Die baltische Krise 1938–1940, Stuttgart 1979 (= Schriftenreihe der Vierteljahreshefte für Zeitgeschichte 38).

Myllyniemi, Seppo: Die Neuordnung der Baltischen Länder 1941–1944.

Nies, Susanne: Lettland in der internationalen Politik. Aspekte seiner Außenpolitik (1918–1995), Münster 1995.

Post-Cold War identity politics. Northern and Baltic experiences (hg. v. Marko Lehti, David J. Smith), London–Portland/Or. 2003.

Rauch, Georg von: Geschichte der baltischen Staaten, München ³1990.

Regional identity under Soviet rule. The case of the Baltic states (hg. v. Dietrich André Loeber, V. Stanley Vardys, Laurence P. Kitching), Hackettstown/N. J. 1990.

Taagepera, Rein: The Baltic states. Years of dependence 1940–1990, London 1993.

Von den baltischen Provinzen zu den baltischen Staaten 1917–1918. Beiträge zur Entstehungsgeschichte der Republiken Estland und Lettland 1917–1918 (hg. v. Jürgen von Hehn, Hans von Rimscha, Hellmuth Weiss), Marburg/L. 1971.

Von den baltischen Provinzen zu den baltischen Staaten 1918–1920. Beiträge zur Entstehungsgeschichte der Republiken Estland und Lettland 1918–1920 (hg. v. Jürgen von Hehn, Hans von Rimscha, Hellmuth Weiss), Marburg/L. 1977.

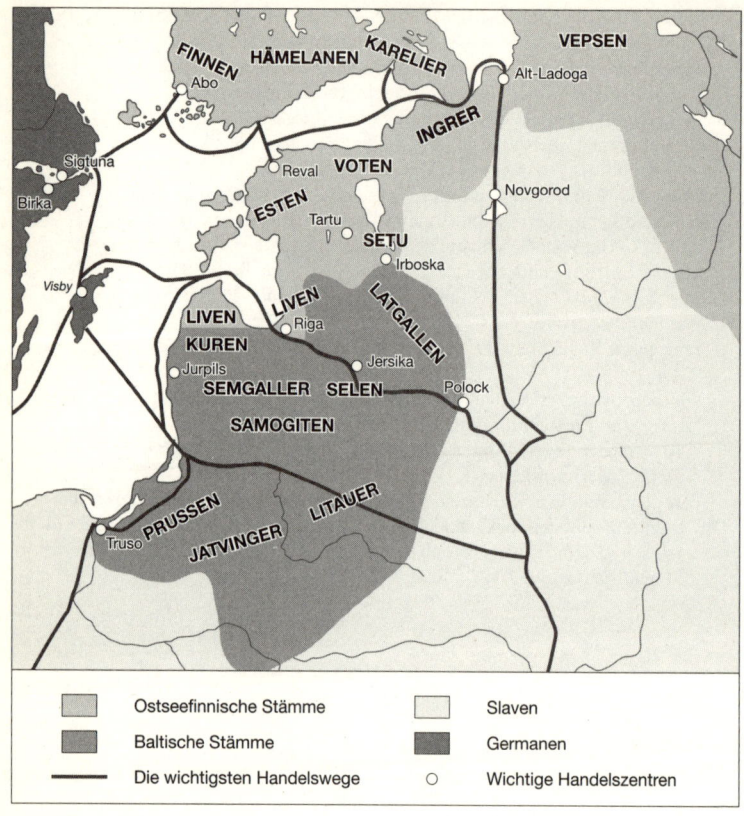

Die baltischen Länder um 1200

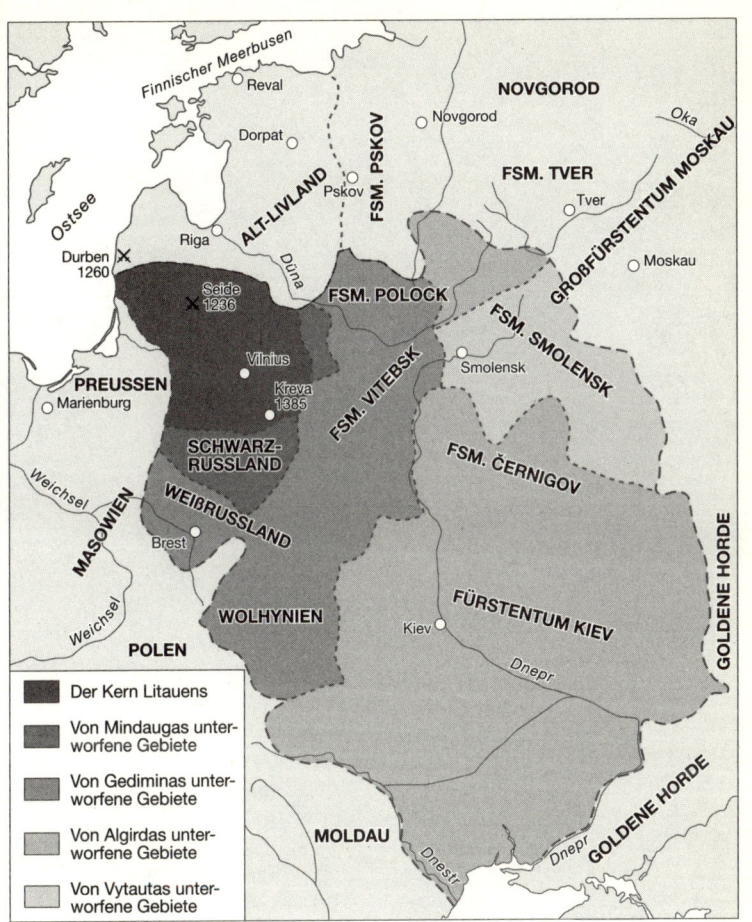

Die baltischen Länder im Mittelalter

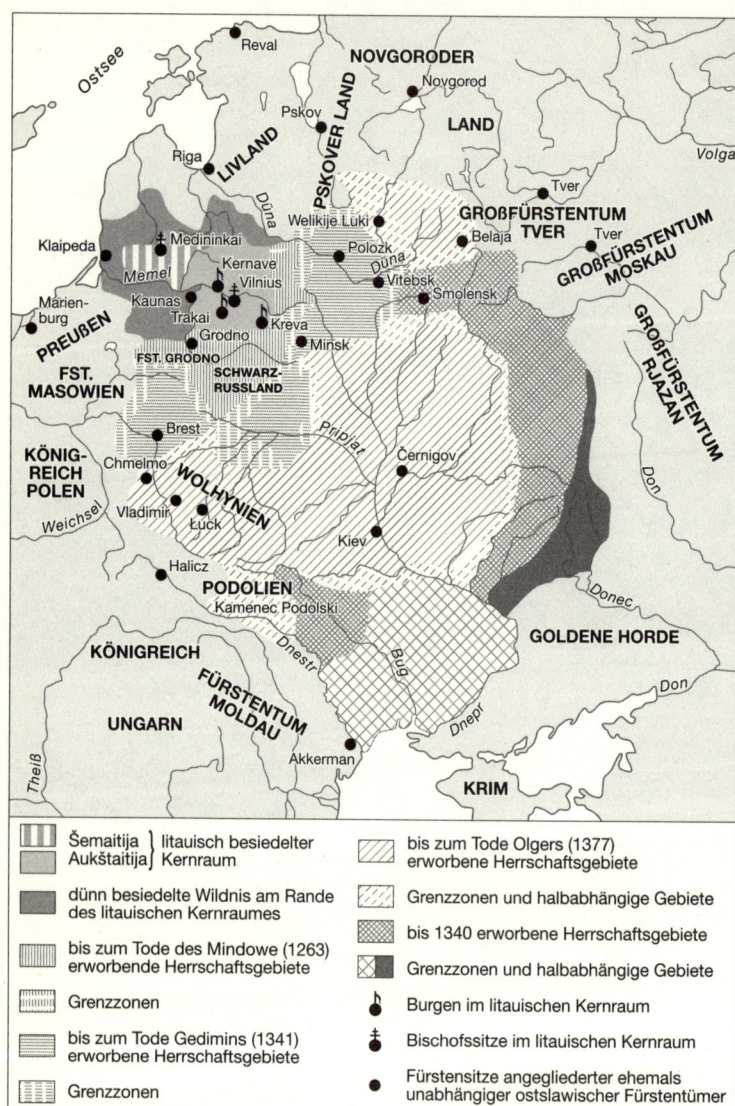

Das Großfürstentum Litauen im 14. Jahrhundert (nach Hellmann)

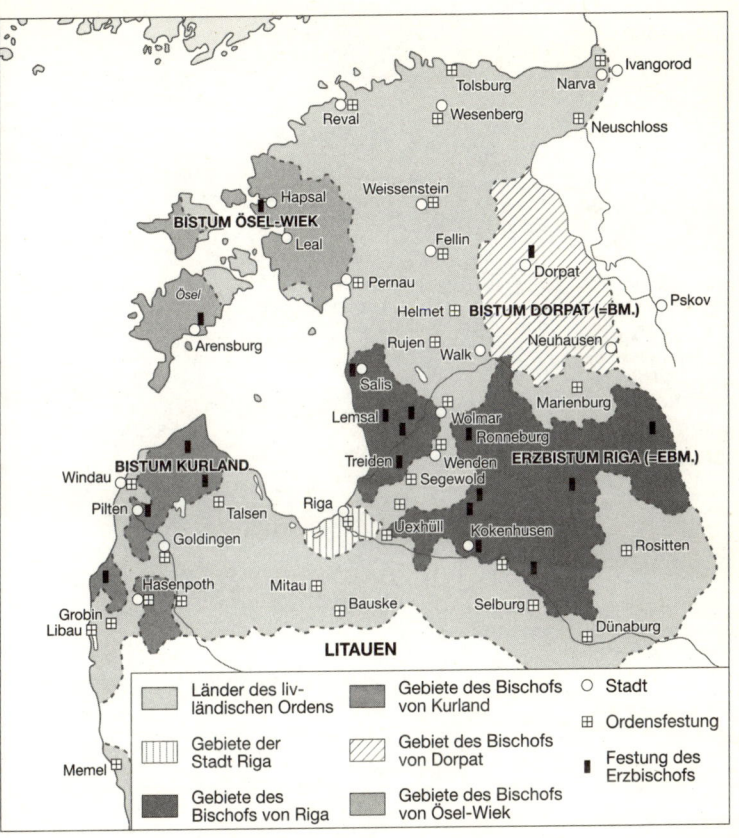

Altlivland zu Beginn des 16. Jahrhunderts

Polen-Litauen in seiner größten Ausdehnung im 17. Jahrhundert (nach Davies)

Karten 123

Die Grenzen der baltischen Staaten nach dem Zweiten Weltkrieg

Geografischer Index

Abrene 123
Aizpule (dt. Hasenpoth, s. dort)
Altmark 36, 38, 40, 108
Alūksne (dt. Marienburg, s. dort)
Andrusovo 53
Arensburg (estn. Kurressaare) 20, 41, 121

Bauske (lett. Bauska) 121
Bremen 15f.
Brest 52, 72
Brest-Litovsk 80f., 109, 122
Brömsebro 41, 108

Cēsis (lett. Wenden, s. dort)
Černigov (poln. Czernichów, s. dort)
Černjachovsk (dt. Insterburg, s. dort)
Chortyca 122
Czernichów (russ. Černigov) 53, 122

Danzig (poln. Gdańsk) 22, 54f., 122
Daugava (dt. Düna, s. dort)
Daugavpils (dt. Dünaburg, s. dort)
Dorpat (estn. Tartu, russ. Jur'ev) 13, 17, 19f., 37f., 46, 64f., 82, 101, 108, 121–123
Drohiczyn 37
Düna (lett. Daugava) 123
Dünaburg (let. Daugavpils) 121–123
Durbe 28

Ermes 27

Fellin (estn. Viljandi) 19f., 121f.

Gardina (weißruss. Hrodna, poln. Grodno, s. dort)
Gauja 123
Gdańsk (dt. Danzig, s. dort)
Gnesen (poln. Gniezno) 55
Goldingen (lett. Kuldiga) 19, 121, 123
Grobin 121
Grodno (weißruss. Hrodna, lit. Gardina) 68
Großpolen 122
Gumbinnen (heute russ. Gusev) 56
Gusev (dt. Gumbinnen, s. dort)

Haapsalu (dt. Hapsal, s. dort)
Hapsal (estn. Haapsalu) 20, 33, 121, 123
Hasenpoth (lett. Aizpule) 20, 121
Helmet 121
Hrodna (lit. Gardina, poln. Grodno, s. dort)

Ignalina 98
Insterburg (heute russ. Černjachovsk) 56, 76
Ivangorod 35, 121

Jakobsstadt (lett. Jēkabpils) 123
Jam 35
Jam Zapol'skij 35
Jēkabpils (dt. Jakobsstadt, s. dort)
Jelgava (dt. Mitau, s. dort)
Johvi 123
Jur'ev (estn. Tartu, dt. Dorpat, s. dort)

Kaliningrad (dt. Königsberg, s. dort)
Kalisz 55

Karussa 28
Kassel 16
Kaunas (russ. Kovno, poln. Kowno) 30, 68, 78, 82, 88, 122
Kiev (ukr. Kyjiv) 12, 51, 53, 122
Klaipėda (dt. Memel, s. dort)
Kleinpolen 122
Königsberg (Kaliningrad) 57, 94, 101, 122
Kopor'je 35
Kokenhusen (lett. Koknese) 13, 19 f.
Kovno (russ.), Kowno (poln.) (lit. Kaunas, s. dort)
Krakau (poln. Kraków) 51, 55, 122
Kreva (poln. Krewo) 24, 29, 108
Kuldiga (dt. Goldingen, s. dort)
Kulm 122
Kurland (Bistum) 121
Kurressaare (dt. Arensburg, s. dort)
Kyjiv (russ. Kiev, s. dort)

Labiau (russ. Polessk) 56, 76
Leal 121
Lemsal (lett. Limbaži) 19 f., 121
Libau (lett. Liepāja) 33, 61, 121, 123
Limbaži (dt. Lemsal, s. dort)
Lübeck 15
Lublin 29, 36, 51 f., 55, 122
Lund 17

Marijampolė 123
Marienburg (lett. Alūksne) 121 f.
Masowien 122
Memel (lit. Klaipėda,) 55 f., 76, 89 f., 110, 121–123
Memel (Fluss, lit. Njemen) 123
Minsk 122
Mitau (lett. Jelgava) 20, 60, 121, 123
Moskau 25–27, 29 f., 32, 34 f., 40, 52 f., 82, 92, 95–99, 110, 122

Narva 12, 21, 45, 60 f., 94, 121
Neman (lit. Ragainė, dt. Ragnit, s. dort)
Neuschloss 121
Neu-Trakai 31
Njemen (Fluss, dt. Memel, s. dort)
Novgorod 12 f., 16 f., 19 f., 24 f., 108, 119
Nystad (finn. Uusikaupunki) 45, 108

Oberpahlen (estn. Põltsamaa) 20
Oliva 38, 53, 108

Paide (dt. Weißenstein, s. dort)
Palanga (dt. Polangen, s. dort)
Panėvežys 123
Pärnu (dt. Pernau, s. dort)
Pernau (estn. Pärnu) 19 f., 65, 121, 123
Petrograd (Leningrad, St. Petersburg, s. dort)
Petseri (russ. Pečory) 94, 123
Pilten (lett. Piltene) 20, 27, 33, 41, 108, 121 f.
Pleskau (russ. Pskov, s. dort)
Podolien 122
Polangen (lit. Palanga) 123
Polessk (dt. Labiau, s. dort)
Polock 13, 19, 27, 35, 122
Põltsamaa (dt. Oberpahlen, s. dort)
Posen (poln. Poznań) 55, 91
Preußen 122
Pskov (dt. Pleskau) 13, 16 f., 19, 24, 123

Radom 55
Ragnit (lit. Ragainė, heute russ. Neman) 56, 76
Rakvere (dt. Wesenberg, s. dort)
Reval (estn. Tallin) 17, 19–21, 24, 27, 39 f., 45, 60 f., 65, 80 f., 108, 121, 123
Rēzekne (dt. Rositten, s. dort)

Riga (Erzbistum) 19, 22 f., 28, 33, 121 f.
Riga (lett. Rīga) 11, 16 f., 19, 20, 23, 26 f., 28, 33, 37 f., 45, 48, 60 f., 63, 76, 80 f., 108, 110, 121 f.
Ronneburg (lett. Rauna) 121
Roop (lett. Straupe) 19 f.
Rositten (lett. Rēzekne) 121, 123
Rujen 121

Salis (lett. Salace) 121
Sandomierz 55
Schaulen (lit. Šiauliai) 123
Segewold (lett. Sigulda) 121
Selburg (lett. Vecsēpils) 121
Semgallen 122
Severija 53
Seversk 122
Šiauliai (dt. Schaulen, s. dort)
Sigulda (dt. Segewold, s. dort)
Smolensk 27, 29, 53, 122
Soest 16
Soveck (lit. Tilže, dt. Tilsit, s. dort)
St. Petersburg (Petrograd, Leningrad) 45 f., 55, 58, 60, 63 f., 66 f., 70, 74, 76 f., 82
Stębark (lit. Zalgiris, dt. Tannenberg, s. dort)
Stolbovo 35, 40
Straupe (dt. Roop, s. dort)
Stuhmsdorf 38
Suwalken (poln. Suwałki) 123
Šventoji 123

Tallinn (dt. Reval, s. dort)
Talsen 121
Tannenberg (lit. Zalgiris, poln. Stębark) 19, 25, 29, 108
Targowica 55
Tartu (russ. Jur'ev, dt. Dorpat, s. dort)
Tauroggen (lit. Tauragė) 123

Thorn (poln. Toruń) 54 f.
Tilsit (lit. Tilže, heute russ. Soveck) 56, 75 f., 123
Tolsburg 121
Toruń (dt. Thorn, s. dort)
Treiden 120
Tuckum (lett. Tukums) 123

Uexküll 121
Ukraine 122

Valga (lett. Valka, dt. Walk, s. dort)
Valka (estn. Valga, dt. Walk, s. dort)
Valmiera (dt. Wolmar, s. dort)
Vecsēpils (dt. Selburg, s. dort)
Ventspils (dt. Windau, s. dort)
Viljandi (dt. Fellin, s. dort)
Vilnius (poln. Wilno, russ. Vil'na, dt. Wilna) 12, 28, 31, 68, 78, 83, 89 f., 92, 98 f., 108, 110
Virtsu 22
Vitebsk 122
Võnnu (dt. Wenden, s. dort)

Walk (estn. Valga, lett. Valka) 20, 23, 121, 123
Warschau (poln. Warszawa) 55, 68, 109, 122
Weißenstein (estn. Paide) 20, 121, 123
Wenden (lett. Cēsis, estn. Võnnu) 19, 37, 82, 121 f.
Wesenberg (estn. Rakvere) 20 f., 121, 123
Wilna (poln. Wilno, russ. Vil'na, lit. Vilnius, s. dort)
Windau (lett. Ventspils) 19 f., 33, 61, 121, 123
Wolmar (lett. Valmiera) 19 f., 63, 121, 123

Zalgiris (poln. Stębark, dt. Tannenberg, s. dort)

Personenindex

Albert de Bekeshovede
 (auch: Albert von Bexhövede),
 Bischof 16, 108
Aleksandr Nevskij 23
Alexander (Kg. von Litauen) 31
Alexander I. (Ks. von Russland)
 50f., 58, 68
Alexander II. (Ks. von Russland) 60
Algirdas (Großfürst von Litauen) 28
Alunāns, Juris 63

Barons, Krišjānis 63
Basanavicius, Jonas 76
Berens, Johann Christoph 48
Berens, Reinhold 48
Berklavs, Eduards 96
Bielfeld, Jakob Friedrich von
 48
Bolestaw der Fromme (Kg. von
 Polen) 31
Bretkūnas, Jonas 57
Brežnev, Leonid Il'ič 96, 100
Brun von Querfurt 12
Bugenhagen, Johannes 26

Chmielnicki, Bohdan 53
Christian (Priester) 28
Christian IV. (Kg. von Dänemark)
 41
Chruščev, Nikita Sergeevič 96

Donelaitis, Kristijonas (Christian
 Donalitius) 57, 75

Erasmus von Rotterdam 26
Erik IV. Plovpenning (Kg. von Dänemark) 24
Erik XIV. (Kg. von Schweden) 40

Friedrich II. (Kg. von Preußen) 39
Friedrich Kasimir (Hz. von Kurland) 34
Friedrich Kettler (Hz. von Kurland)
 33
Friedrich Wilhelm von Brandenburg
 (Kurft.) 33

Gediminas (Großft. von Litauen)
 28 f., 108
Goltz, Rüdiger von der 82
Gorbačev, Michail Sergeevič 98 f.
Gotthard Kettler (Hz. von Kurland)
 32
Gustav II. Adolf (Kg. von Schweden) 40

Hartmann, Johann Georg 62
Heidenreich (Bischof) 28
Herder, Johann Gottfried 48, 62, 69
Hindenburg, Paul von 78
Hupel, August Wilhelm 48
Hurt, Jacob 65

Innozenz IV. (Papst) 28
Ivan III. (Großft. von Moskau) 25,
 29, 31
Ivan IV., «der Schreckliche»
 (Großft. von Moskau) 27

Jakob Kettler (Hz. von Kurland)
 33, 34
Jakobson, Carl Robert 65
Jan Olbracht (Johann I. Albrecht,
 Kg. von Polen-Litauen) 31
Jannau, Heinrich Johann von
 49
Janssen, Johann Voldemar 65

Personenindex

Jaroslav Jaroslavič (Ft. Von Tver') 13
Jaroslav Mudryj (Großft. Von Kiev) 13
Jogaila (Władysław II. Jagiełło, Großft. von Litauen) 24, 29, 108
Johann I. Albrecht s. Jan Olbrecht
Judenič, Nikolaj N. 82
Justi, Johann Heinrich Gottlob von 48

Karl XI. (Kg. von Schweden) 42, 44, 49
Katharina II. (Ksin. von Russland) 46, 48, 50 f., 56, 73 f.
Kazimierz IV., der Große (Kg. von Polen) 30 f.
Kestutis (Großft. von Litauen) 29
Klein, Daniel 57
Knopken, Andreas 26
Knud VI. (Kg. von Dänemark) 16
Kościuszko, Tadeusz 55

Laidoner, Johan 81, 84
Lenz, Christian David 48
Lohse, Hinrich 93
Ludendorff, Erich 78

Magnus von Holstein (Hz.) 33
Martynas Mazvydas (Martinus Mosvidius) 57
Meinhard (Bischof) 16
Merkel, Garlieb 48, 62
Mindaugas (Großft. von Litauen) 27 f., 108

Nikolaus I. (Ks. von Russland) 67, 75

Patkul, Johann Reinhold 45
Päts, Konstantin 81, 84 f.
Paul I. (Ks.von Russland) 51
Petri, Johan Christoph 48

Philipp von Schwaben (dt. Kg.) 16

Schoultz von Ascheraden, Karl Friedrich 49
Schwarzenberg, Johan Georg Eisen von 48
Sievers, Jakob Johann von 50
Siimann, Mart 104
Sirk, Artur 84
Smetona, Antanas 82 f., 85
Stanisław II. August (Kg. von Polen-Litauen) 54
Stephan Báthory (König von Polen-Litauen) 36 f.

Tautvilas (Großft. von Litauen) 27
Tegetmeyer, Sylvester 26
Tief, Otto 94
Traidenis (Großfürst von Litauen) 28
Trey, Hermann 63

Ulmanis, Kārlis 81, 85

Valdemar II. Sejr (Kg. von Dänemark) 17
Valdemar IV. Atterdag (Kg. von Dänemark) 24
Valdemārs, Krišjānis 63
Voldemaras, Augustinas 85
Vytautas (Großft. von Litauen) 29,
Vytenis (Großft. von Litauen) 28

Watson, K. F. 62
Wilhelm von Urach 83
Wiśniowiecki, Michael Korybut 52
Wolff, Christian 48
Wolter von Plettenberg 25

Zamojski, Jan 52
Zeligowski, Lucian 83
Zygmunt II. August (Kg. von Polen-Litauen) 32